パスカル

●人と思想

東海大学短期大学部教授
小松攝郎著

12

CenturyBooks 清水書院

人間は
自然の中で一番弱い一本の葦にすぎない
しかし、人間は考える葦である
人間をおしつぶすには、宇宙全体が武装する必要はない
一つの蒸気、一滴の水でも
人間を殺すのには十分である
しかし、宇宙が人間を押しつぶすときにも
人間を殺す宇宙よりも人間の方が高貴である
なぜなら
人間は自分が死ぬことを知っており
宇宙が人間よりはるかに強力であることを知っているから
宇宙はそのことを何も知らない
——パスカル——

パスカルについて

三木清が「パリの宿」で、「人間の分析」をはじめ、六編のパスカルに関する論文を書き、つぎつぎに雑誌『思想』に送ったのは、大正十四年から十五年にかけてのことであった。当時、世の人びとはこれらの論文に対して喝采《かっさい》をあびせた。この六編の論文は集められて、三木清の処女作『パスカルに於《お》ける人間の研究』として刊行された。今日でもこの書の価値は失われていない。

キリスト教の方では早くからパスカルを研究していただろうが、哲学の方では三木清のパスカル研究が最初のものだと思う。その後、パスカル研究も盛んになり、多くの研究成果が発表され、研究は緻密《ちみつ》になってきている。

さて、この書はこれらの研究成果をふまえて、パスカルの思想をなるべくわかりやすく、若い読者諸君に伝えようとしたものである。しかし、なにぶんパスカルはユニークな思想家であり、わかりやすく説明することは非常に困難である。デカルトは理づめに考えて行くので、比較的説明しやすいが、パスカルの場合には、たとえば、「回心」のごとく、他人からはほとんど理解しがたい問題もある。いま、ニーチェの『ツァラトゥストラ』が広く読まれているが、「これならニーチェもわかる」と思っていると、ニーチェの本質は指の間からスルリと抜けおちている。パスカルの場合も同じようなことになりかねない。そういうことにならないようにつとめたつもりである。ある程度のむずかしさは当然伴うものである。若い読者諸君にいいたいことは、ただ安易な方にばかり流れていってはいけないということである。読書においても、困難にうちかつ努力が必要である。

次に、カントやヘーゲルの場合は、「生涯」と「思想」とに分けることもできるが、パスカルでは両者が結びついていて、分けることができない。「生活即思想」であった。したがって、この書では両者を分けずに、「生涯と思想」として一括して説明した。「回心」のごときは、パスカルの生涯における転機でもあり、同時に思想的転向でもあった。

パスカルについて書くに際しては、私の手に負えない点もあった。それで、フランス哲学専攻の、共立女子短期大学の中里良二氏の協力を乞うことにした。それによって、この書ができあがったので、同氏に大きい謝意を表さなければならない。

また、出版に関しては、清水書院の方々にたいへんお世話になった。ここで厚く謝意を表しておきたいと思う。

小松摂郎

目次

III

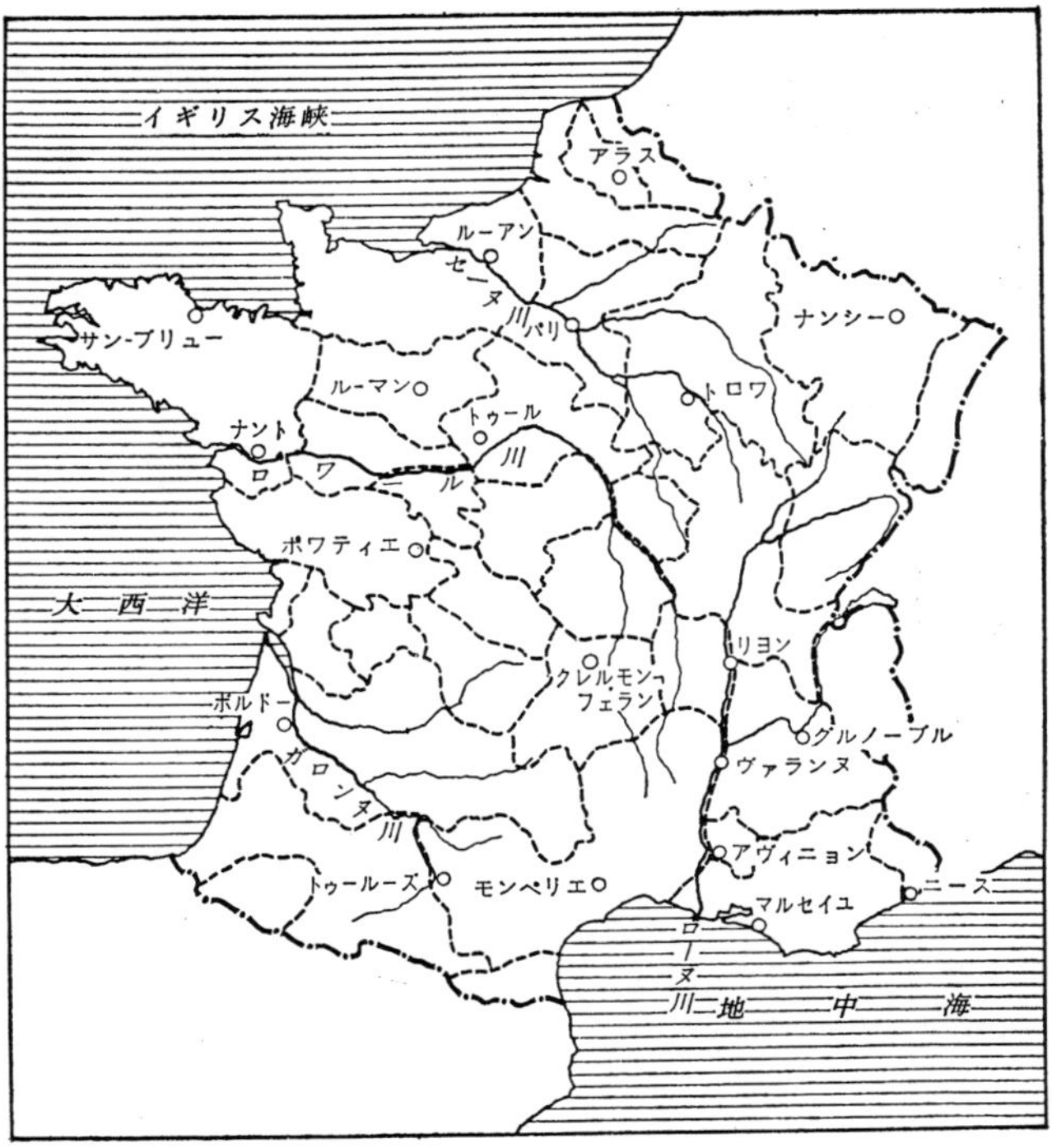

パスカル時代のフランス

I はじめに

パスカルという人

パスカルと私

わたくしがはじめてパスカルの名前を聞いたのは、中学校の物理の時間においてであった。例の「パスカルの原理」(水圧機の原理)を学んだ。その時の中学校の先生はパスカルの生涯や思想について説明もしなかったし、したがってわたくしも、特別にパスカルという人について興味をもったわけでもなかった。

つぎに、高等学校へはいってからだが、芥川龍之介『侏儒《しゅじゅ》の言葉』の中でパスカルの名前にお目にかかった。それは、「クレオパトラの鼻。これがもっと低かったら、地球の全表面は変わっていただろう」というパスカルの警句を引用してある所であった。パスカルのこの警句もパスカル的であり、それに続いた芥川の言葉も、鼻は少々低くても恋は盲目であるからアントニーはやはり美しいと感じただろう、というものであり、芥川のそこから引き出した結論は、「人間の自己欺瞞《ぎまん》」ということであり、芥川的でもあり、パスカル的でもある。「クレオパトラの鼻」の話はたいがいの人が知っていることと思う。

つぎに、「クレオパトラの鼻」と同じころに、有名な「考える葦《あし》」の言葉も知った。それは、

「人間は、自然のうちでもっとも弱い一本の葦にすぎない。しかし人間は考える葦である。人間をおしつぶすのには宇宙全体が武装する必要はない。一つの蒸気、一つの水滴も人間を殺すのに十分である。しかし、宇宙が人間をおしつぶすとしても、そのとき人間は、人間を殺す宇宙よりも、高貴であろう。なぜなら人間は、自分の死ぬことを、それから宇宙が人間よりずっとたちまさっていることを知っているからである。宇宙は何も知らない。」

ブレーズ=パスカル

というものである。ここでパスカルは人間の「思考の偉大さ」「考えることの尊厳」を説いているわけである。

「考える葦」という言葉もたいがいの人は知っていると思う。個人的のことになって恐縮だが、わたくしは「考える葦」について一つの思い出がある。

わたくしが大学を出て二、三年たった頃と記憶しているが、わたくしは一人で信州諏訪《すわ》の奥蓼科《たてしな》の温泉へ行って、パスカルの『パンセ』(随想録)を読んでいた。もちろん「考える葦」のことも知っていたし、パスカルについてのひと通りの知識も持っていた。ところが、「考える葦」の所を読んで、なぜだか分からないが、はげしいショックを受けた。そのショックをどう表現したらいいか自分でも分からないが、なんでも冷水をあびせられたような、ゾッとするような気持ちであった。これを論理的に表現することもできない。「思惟《しい》の尊厳」だの「人間の弱さ」だのといってしまえば、単なる概念になってしまう。そんなものではなく、魂をゆすぶられるような気持ちであった。パスカルが「思考の偉大さ」といってみても、デカルトの「コギトーエルゴースム」（我考う、故に我在り）とは全然性質がちがう。

このショックはわたくしの心底に沈殿し、事に触れ折に際してしばしば現われてくる。そして、心のしこりのようになって今日まで残っている。

奥蓼科で「考える葦」からショックを受けたことが、わたくしとパスカルとの「出会い」とでもいうものだろう。そんなわけで、わたくしはパスカルには特殊の関心を持っている。哲学史上の一人の哲学者というだけでなく、じかにわたくしに訴える所がある。

さて、「パスカルとわたくし」といえば以上のようなことになるが、これからパスカルの「生涯と思想」について、若い読者諸君のために、できるだけ冷静に、客観的に書いていこうと思う。そのためには、パスカル全体について簡単に概観しておいた方が便利だろう。若干辞典的になるが、ひと通り説明しておくことにする。

パスカルという人

ブレーズ＝パスカルは一六二三年、中部フランス、オーヴェルニュ州、クレルモン[1]で生まれ、一六六二年パリで死んだ。フランスの数学者、物理学者、宗教哲学者。三歳のとき母を失い、父エティエンヌ＝パスカル（一五八八年――一六五一年）に教育された。姉はジルベルトといい、ペリエ家に嫁し、妹ジャクリーヌは若くして修道院にはいった。父エティエンヌは一六三一年クレルモンの御用金裁判所の副長官の職をやめてパリに移住し、貴族のサロンに出入りした。また、デザルグやロベルヴァルなどの科学者とも交わった。

パスカルは生涯虚弱であった。その原因は生後二年目に襲った疾患が原因とされ、記憶力、想像力には驚異すべきものがあり、極度に激しやすくなった神経、四肢の萎縮《いしゅく》、筋骨の軟化などが指摘されている。しかし、パスカルはこの病苦を、不屈の意志をもってたえ、これを善用し、信仰へのよい機縁とすることができた。パスカルは自分の脚下に大いなる深淵の裂けて開くのを見たといわれるが、それが単なる幻覚であり、この言い伝えが別に証人のない流説であるにしても、かれの内面的な生が絶えざる不安そのものであったことは確かである。この不安が結局かれをキリスト教へ導く原因となった。

とにかく、パスカルは異常な天才であった。数学・物理学上の業績についていえば、一一、一二歳のとき、独力でユークリッド『原理』の定理第三二の命題を証明して父を驚かせた。一六歳のとき、デザルグの射影幾何学の立場から、「円錐曲線試論」を書いて世を驚かし（一六四〇年要約だけ出版）、アルキメデス以来これほど

1) クレルモンは一六三四年モンフェランと合併されてクレルモン－フェランとなる。

すぐれたものはなかったといわれた。一六三一年ルアンに移る。一九歳のとき、徴税官としての父の仕事を助けるため、画期的な「自動計算器」を考案製作した。二三歳のとき、「トリチェリーの真空実験」を追試し、この真空の生ずる原因を大気の圧力にもとめ、さらに考えをひろげて流体弾力学の全体におよび「水圧機の原理」(パスカルの原理)を発見し、旧来のあやまった説を打破した。これらの科学上の業績はパスカルの日常生活と結びついていた。「自動計算器」の発明も父の仕事を助けるためであったし、のちに、確率論を創始したのも、賭事《かけごと》の好きな一友人から賭金の配分法をたずねられたことに起因する。一六五八年にサイクロイドの問題を解いて、積分法の重要な公式を発見したのも、ひと晩中かれを苦しめた歯痛をまぎらせるために、それを試みに解き始めたことを端緒としている。

パスカルの生まれたクレルモンのデグラ通り

一六四六年、偶然の機会からオランダの神学者ジャンセニウスの教理に強く心を引かれ、ジャンセニスム

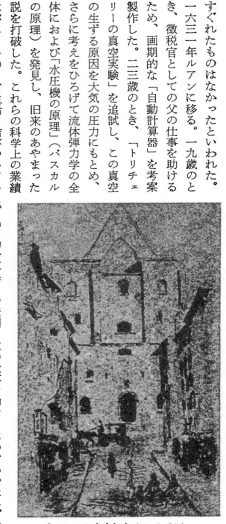

に帰依する(第一の回心)。四七年パリにもどる。この年、オランダから帰国したデカルトの訪問をうけた。五一年、父エティエンヌ死去。妹ジャクリーヌは兄にみちびかれてジャンセニスムにはいったが、五二年兄に先んじて、ジャンセニスムの本拠、パリのポール‐ロワイヤル修道院にはいった。パスカルの方はこのころかえって宗教から遠ざかり、社交界にはいり、当時の粋人《すいじん》たちと交わった。「幾何学の精神」に対する「繊細の精神」を悟ったのは、このころの社交生活の経験による。五三年、『愛の情念に関する説話』を書いたと推定される（一八四三年、ヴィクトル＝クーザンによって発見された）。しかし、科学を忘れたわけではなく、「賭け」の遊戯の問題から、確率算法を着想した。五四年、社交界を嫌悪し、ふたたび信仰に向かい、九月―十月ジャクリーヌをしばしば修道院に訪れた。十一月、「決定的回心」、パスカルはこの宗教的経験を「火」と呼んでいる。五五年一月、田舎のポール‐ロワイヤルに客員としてはいる。この時、修道院の指導者はド＝サシであったが、このころ『エピクテートスとモン

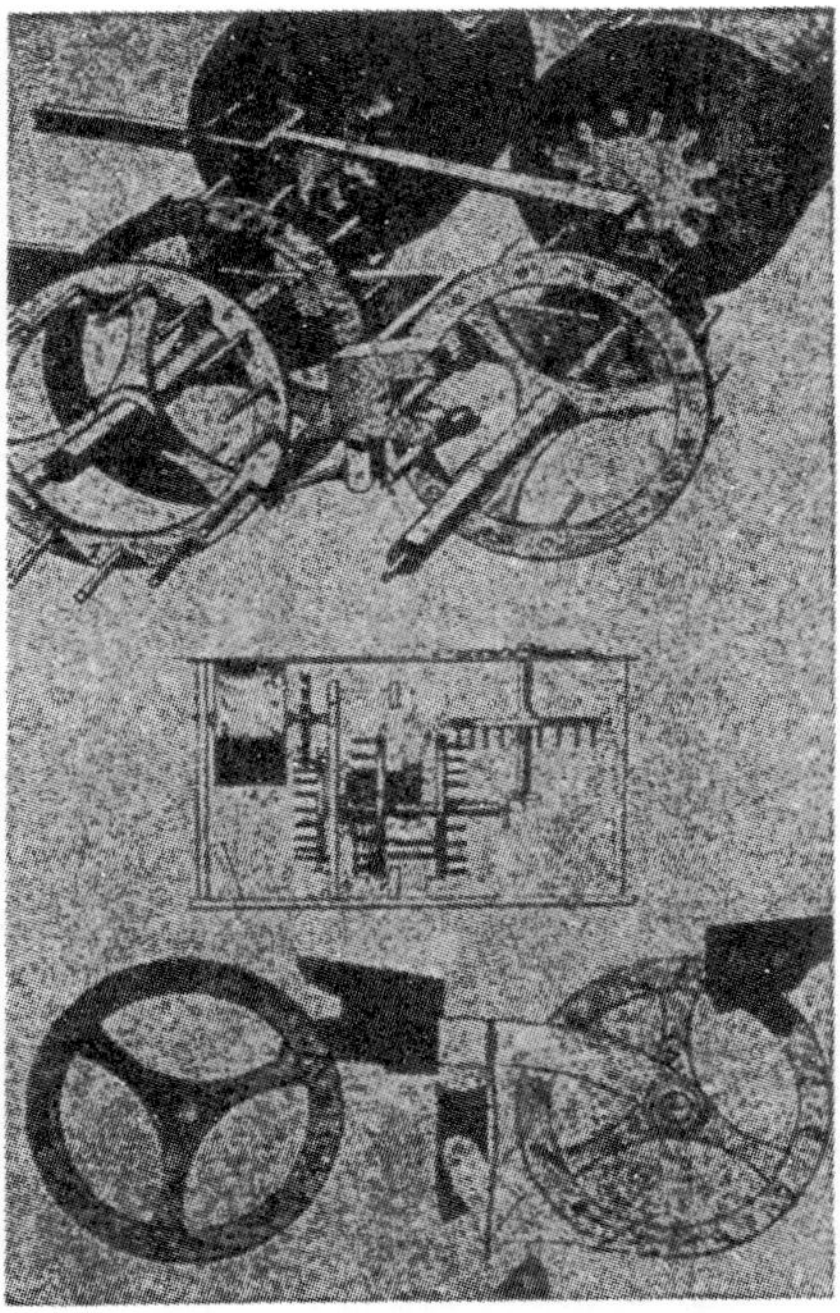
自動計算器の一部

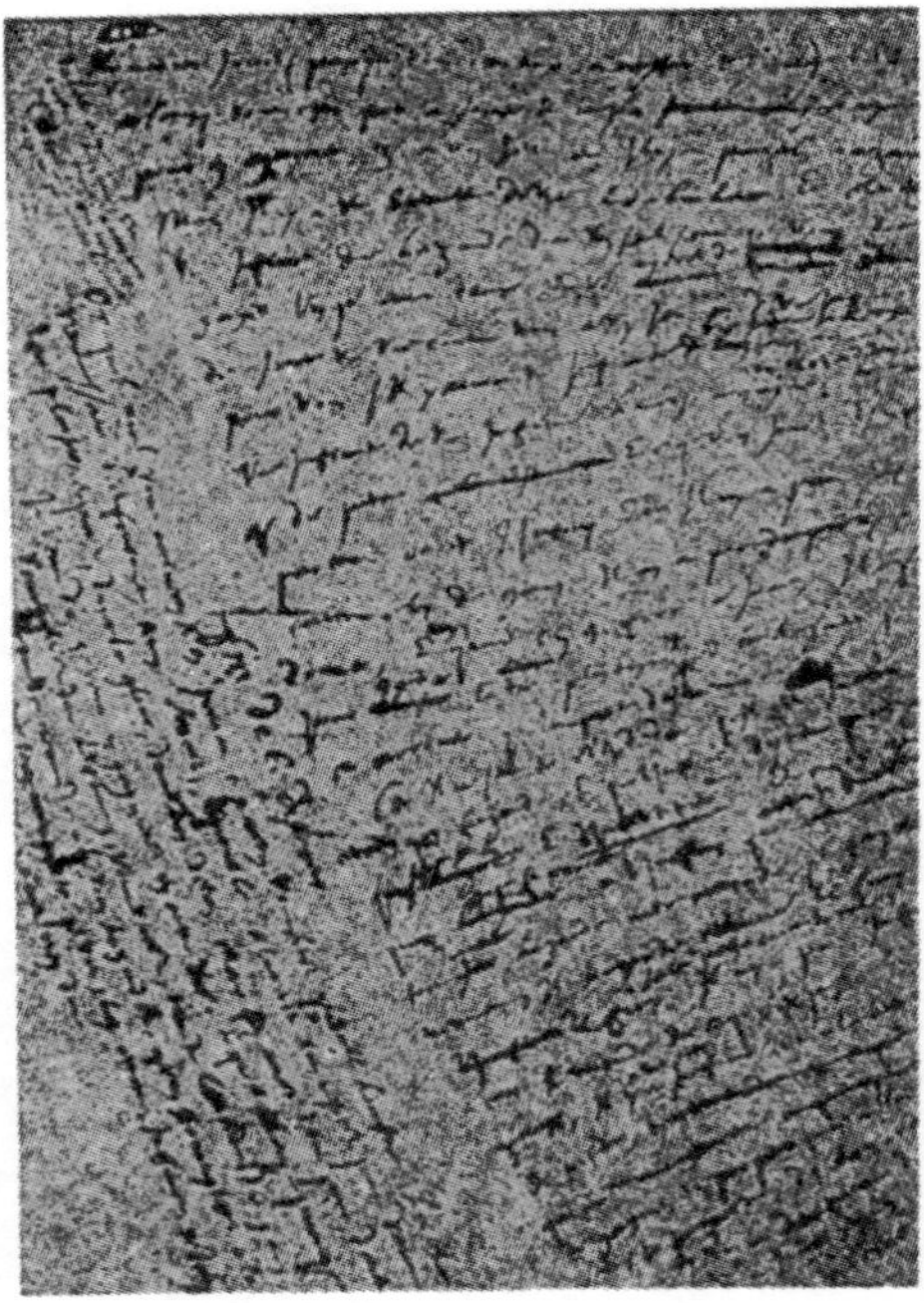

賭についての草稿

テーニュとに関するド＝サシ氏との対話』がなされたと推定される。ブレーズは、エピクテートスの傲慢《ごうまん》さとモンテーニュの懐疑論・快楽主義とを人間性の矛盾としてとらえ、この矛盾を救うものはキリスト教よりほかにないと考えた。このころ、禁欲的なジャンセニスムは、世俗的キリスト教のイエスス会から攻撃され、五六年、ジャンセニスムはソルボンヌ大学神学部から異端の判決を与えられた。この時、パスカルは匿名《とくめい》の公開状『レトループロヴァンシャル』(田舎人への手紙)をつぎつぎに発表した。「第一の手紙」は一六五六年一月二三日、最後の「第一八の手紙」は一六五七年三月二四日。神学的問題から道徳論に移り、イエズス会の弛緩《ちかん》、腐敗を攻撃した。文学史上ではこの手紙はフランス古典主義の文体を確立したものとされている。一六五八年、サイクロイドの問題を解いて、積分法の重要な公式を発見した。しかし、生来の病ようやく重く、信仰生活が中心となっていった。そして、『キリスト教弁証論』を考え、その断片原稿を残した。これが有名な『パンセ』で、死後一六六九年に出版された。

『パンセ』の「弁証論」（不信心者を信仰にみちびくための理論）は三段に分かれる。第一、人間を「悲惨」と「偉大」との矛盾としてとらえる。認識における誤謬《ごびゅう》、社交生活における欺瞞《ぎまん》、政治権力の不正などは人間の「悲惨」を示す。パスカルは社交界にいたころ、人間の「悲惨」をいやというほど経験した。しかし、人間は真理と善を求めてやまない「考える葦」である。人間は「思考」において「偉大」である。第二、このような人間の矛盾を救うものとして「哲学」が吟味《ぎんみ》される。「哲学」でも、独断論と懐疑論、ストア主義とエピクロス主義との対立は解かれずに、そのまま残る。第三、宗教が吟味される。人間の矛盾を説明し、かつそれから人間を救うものとしての宗教はキリスト教である。パスカルは、以上の三段の飛躍を、人間的生の三段階とし、「身体の秩序」「精神の秩序」「愛の秩序」と呼んだ。この三秩序の説は、ブレーズの「弁証論」全体の、さらにはかれの思想全体の構成を示すものである。

パスカルは現代に生きている

パスカルは一七世紀の人で、当時の哲学・思想の状況からみれば、一種の「変わり種」とみていいだろう。だが、やはりかれは一七世紀的であり、そういう意味で歴史的位置づけはしなければならない。しかし、かれは単なる「歴史上の人物」ではなく、かれの思想は現代に生きており、今の日本でもかれの著書は広く読まれている。

パスカルの思想には、一、数学・物理学、二、人間論、三、キリスト教の三側面がある。同じ人の思想であるからこの三側面に関連はあるが同時に、断絶もある。断絶があるということが、かれの思想の特徴である。

一の数学・物理学の側面は、主として科学史的関心から研究されている。二の人間論的側面は、哲学史の上でもかれほど鋭く人間性を追及したものは少ない。三のキリスト教的側面は、今日のキリスト教界でも非常に重要視されている。

この書においては、読者の関心をも考えて、パスカルの「思想」を扱うさいには、「人間論的側面」を別に取り出して説明することにした。

パスカルの時代

パスカルは一七世紀の人であるが、かれの「生涯」にはいる前に、一応、社会的背景、つまり、一七世紀のフランスはどんな時代であったかを見ておくことにする。

一七世紀のフランス

一七世紀のヨーロッパは不安・動揺を続けているが、その中でフランスは、ヨーロッパの政治と文化の中心であった。ルターの宗教改革からすでに百年以上を経過していたとはいえ、ヨーロッパではカトリックとプロテスタントとの争いははげしく、ドイツには三〇年戦争（一六一八―四八）があり、フランスでも各地で新教徒の反乱があった。フランスはドイツの三〇年戦争に干渉し、ドイツ統一を二世紀おくらせたが、フランスはヨーロッパ最強の国家となった。

この時、フランス国王ルイ一三世を助け、強硬な政策を実施したのはリシュリューであった。リシュリューは一六二四年、宰相の地位についたが、その死にいたるまで一八年間、フランスの指導者であっただけでなく、全ヨーロッパの覇者《はしゃ》であったといってもいいほど絶大な権力を持っていた。かれは国内ではユーグノー（新教徒）を弾圧しながら、国外ではオーストリアの権力をくじくため、ドイツの新教徒を援助した。

ユーグノーは政府に対して執拗《しつよう》に反抗したが、一六二八年その根拠地ラーロシェルが陥落した。それによってフランスにおいては、カトリック教会の権威と絶対君主制とが確立した。

ついで、リシュリューは新秩序に必要な人間を貴族の下層と市民の上層とから得てきた。貴族の下層というのは、伝統的な封建貴族に対し、官僚貴族ともいうべきもので、「官服貴族」と称せられた。当時、役人だけでなく、学問・芸術・宗教における天才の多くは「官服貴族」の出身であった。学者では、デカルト、パスカル父子、文学者ではコルネーユ、ラシーヌ、モリエールなどみな同じであった。

しかし、リシュリューに対する反対者もあった。第一は勢力をそがれた貴族であり、第二は「官服貴族」や富裕な市民たちも必ずしもリシュリューに対して従順ではなく、市民の利益を代表して政府に圧力を加えた。これらの反対者の起こした反乱が、一六四九年から五三年にわたる有名な「フロンドの乱」である。

一六四二年、リシュリューは三〇年戦争の途中で死に、翌年ルイ一三世も崩《ほう》じた。その後に即位したのは、まだ五歳の幼王ルイ一四世であった。はじめのうちは王母アンヌが摂政《せっしょう》として幼王を補佐《ほさ》したが、アンヌはイタリア出身のマザランを宰相に任じ、リシュリューの政策をうけつがせた。三〇年戦争では、フランス軍はいよいよ優勢を示し、ついに一六四八年、ウェストファリア条約をもって三〇年戦争は終わった。

フロンドの乱は政府の権威のゆるんだマザランの時代に起こった。この乱はリシュリューの弾圧政治に対する反抗である。パリにも暴動が起こり、それが地方に波及していった。王と王母と宰相は何度も、パリを逃がれ、また帰ってきたりした。しかし、反乱の暴状には国民も懲《こ》りて、かえって王政を望むようになり、一六六一年マザランの死を機会に、フロンドの乱は終わった。そして、ルイ一四世は親政を宣言した。その後、王権は確立し、国内は平和になり、文化は栄え、いわゆるルイ大王時代の繁栄を現出した。パスカルはルイ一四世親政の第二年、一六六二年に死亡した。

したがって、パスカルの時代は、リシュリューとマザランとの統一政策が、フロンドの乱によって一頓挫《いちとんざ》をきたし、ふたたびルイ一四世の親政によって確立された、建設、そして破壊と再建との時代であった。

パスカルの時代の科学

ルネサンス時代は中世のスコラ哲学を打破していった時代で、思想の方でもジョルダーノ・リデルーノをはじめ、多くの「危険な思想家」が現われた。しかし、カトリック教会の勢力は依然として強く、多くの新思想家は弾圧された。ルネサンス時代の思想は、アリストテレス主義の千年の歴史を飛びこえ、プラトンに結びついた。プラトンの奔放《ほんぽう》な思想は当時の思想家に感激を与えた。自分の名前を、プラトンにまねて、プレトンとかえた人もいた。この時代には新しい思想が続々と現われてきたが、多くは直観の形でとらえられた。科学の発達の未熟さとも関係があり、十分に論理的にねられたものではなかった。

一七世紀にはいると、科学の発達がいちじるしく、哲学が科学と結びつき、哲学者・思想家も多くは同時に科学者であった。一七世紀は科学の青春の時代といっていいだろう。新しい数学的自然科学は哲学体系の中に組み込まれ、近世の学問の最初の明確な形が示された。ケプラー、ガリレイ、デカルト、ホイヘンス、トリチェリー、ハーヴェー、ベーコンなどが新しい情熱をもって、科学・哲学の研究に従事した。

この時代の研究機関の中心は、まだスコラ哲学の支配していた大学ではなくて、民間のサロンであり、アカデミーであった。その中でも当時もっとも大きい役割を果たしたのは、パリの学僧メルセンヌが一六三五年に開いたサロンであって、当時「メルセンヌ－アカデミー」と呼ばれていた。このアカデミーは後に政府によって設けられた王立科学アカデミーの母胎となった。「メルセンヌ－アカデミー」にはイギリスのホッブズやイタリアのカンパネルラなども出入りし、「メルセンヌの客間はヨーロッパ中の大学を合わせたものよりなお値うちがある。」とホッブズが批評した。

メルセンヌは混雑した学問理念の持ち主で、数学・自然学・錬金術・魔術などすべてに興味があった。占星術をもきらわず、つぎのようなこともいった。「彗星《すいせい》が出るとよく王侯が死ぬのはなぜか。いわく、彗星出現の年には、大気が乾《かわ》き、香料植物がよく成育する。しかるに、香料を多く摂《と》るのは王侯であるから、こういう年には王侯は香料をたべすぎて死ぬ。」

パスカル父子も「メルセンヌ－アカデミー」の常連であった。

この時代のデカルトとパスカルとは対照的な人であった。デカルトが演繹的論理的であるのに対し、パスカルは帰納的実験的であった。デカルトは代数的方法を数学一般におしひろげうると確信し、幾何学を代数化した。パスカルはデカルトの代数的解析の精神とはちがったものを持っていた。人間論においても、デカルトは「人間機械論」に近いが、パスカルは「繊細な精神」を理解していた。

さて、当時の科学者たちを悩ました問題は、第一に真空の問題であった。アリストテレスが真空の可能性を否定して以来、それはこの時代の常識となっていた。デカルトも真空を否定し、ガリレイさえ、「真空の嫌悪」をある程度信じていた。

さらに、数学の世界では円錐曲線、擺線《へい》（サイクロイド）などの問題があった。円錐曲線とは、円錐を切断して生ずるさまざまの線である。楕《だ》円、放物《ほうぶつ》線、双曲線《そうきょく》などがこれに属する。これらはこの世に存在するあらゆる曲線の原型である。

擺線とは、車輪が一回転するごとに、輪縁の一点が描く曲線のことである。この問題を最初に吟味したのはニコラウス＝クザーヌスであったが、まだ未解決の問題が多くあった。

パスカルは科学者として、これらの問題と取り組んだ。

当時の思想状況

パスカルの時代のフランスにあった思想としては、ストア主義とエピクロス主義とがあった。前者はいわば禁欲主義、後者は快楽主義であった。もっとも、この二つは人間の生き方としての類型であって、色彩は異なっても、いつの時代にもあるといえる。ストア主義によれば、全自然界には宇宙理性が支配し、人間の徳もこの宇宙理性の分身たる人間理性に従うことである。それは、富・名誉・快・苦・死などを超越し、おのれの理性の優越を堅持することである。エピクロス主義は、人生の最高目的は「快」にある。といっても、それは肉体的な快感を意味するのではなく、肉体の健康に注意し

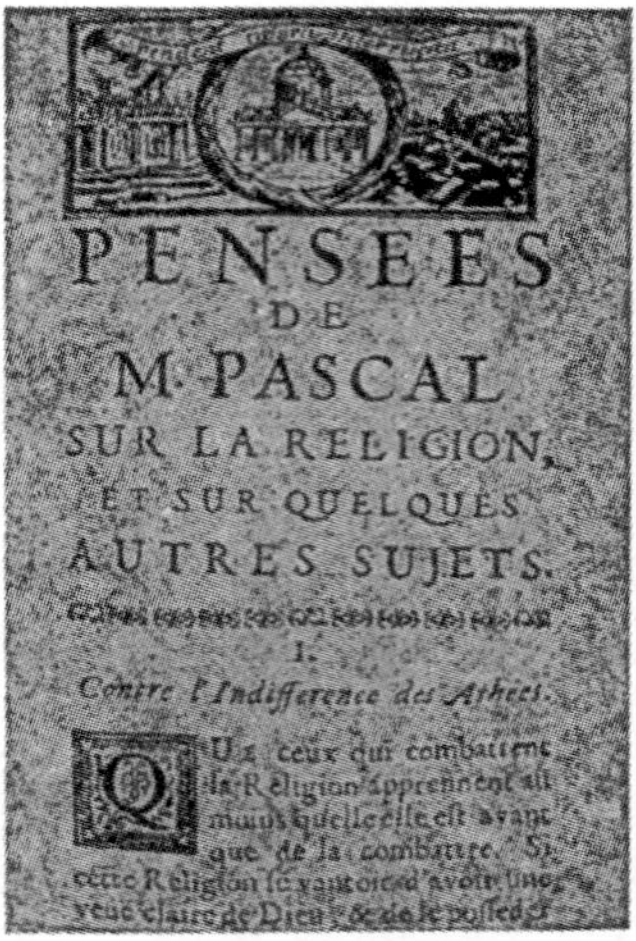

『パンセ』の表紙

ながら、精神の平静を保ち、恐怖や不安の原因を断つことによって、個人的な幸福を求めようとする意味である。パスカルが対決しなければならなかったのは、この二つの思想である。

一六世紀後半、宗教戦争時代の悲惨な状況において、多くのキリスト教徒はストア主義の生き方を学んだ。これは当然考えられることだが、ストアの汎神《はんしん》論1)の代わりに、キリスト教の創造神の摂理の思想をおき、自然に従うことを摂理に従うことと同一視することによって、ストアの道徳はキリスト教の道徳に移っていった。

しかし、ストア主義とキリスト教の信仰とは一致する点もあるが、やはり根本的に違う点がある。ストア主義は善悪の評価はわれわれ自身の心に依存すると考えるが、これはキリスト教的ではない。キリスト教では、「自らの心情の規整」は究極的には、みずからの力を越えている神に依存する。キリスト教徒は神をおそれ、罪をおそれる。ストア主義は何ものをもおそれない状態に行こうとするが、これはキリスト教からみれば「傲慢《ごうまん》」である。この点を全面的に批判したのはパスカルであった。

しかし、ストア主義批判としては、キリスト教的批判とは別に、人間論的批判が必要であった。そこで、

1) いっさいが神であり、神と世界とが一つであるとする世界観。

モンテーニュが問題になる。

モンテーニュもはじめはストア的であったが、「自然に従って生きる」というその「自然」の意味を段々に変えていった。ストア的理性から、エピクロス的な、自然の性の肯定の方へ近づいていった。結局、モンテーニュの思想は、「人間は、理性のない動物とそう変わったものではない。人間の幸福についても、理性は何一つたしかなことを教えない。だから、信仰に関して、理性的吟味をすることはすべて無用である。」ということになった。この思想は、当時のエピクロス的快楽主義者、いわゆる「自由思想家」に武器をかすことになった。

パスカルは以上のような思想状況の中に立っていた。かれは、かれ自身の内部にあったエピクテートス（ローマ時代のストア主義の哲学者）とモンテーニュと対決しなければならなかった。

当時の宗教的情勢

リシュリューが新教徒を国内から追放して、フランスを旧教国にしようとしたとき、旧教はどんな情勢にあったろうか。

ドイツのルターの宗教改革はドイツの教会の大部分をローマから分裂させたが、フランスでもカルヴァンの新教が生まれた。それに対し、ローマ旧教側でも、今のように弛緩《ちかん》した状態でいたのでは、新教に押されてしまうというので、教会改革の気運が生じた。

この改革は、神学思想の中よりも、愛の実践という形で現われた。修道院も、神のための軍隊、社会のための奉仕者となった。それと共に、学校、大学、サロンなどにも宗教の勢力は浸透していった。その代表者はジェズイットであった。ジェズイットは有意義な活動をしたが、一七世紀にはいってからは世俗と妥協し、俗化の道をたどるようになった。しかし、それだけ、時代の要求に適応したとみることもできる。

　ところが、妥協的なジェズイットに対し、あくまで福音を守ろうとする一つの小さな教派があった。それはいわゆるジャンセニストである。その創始者ジャンセニウスは、一七世紀の初めにルーヴァン大学を出て、母校の教授になり、のちイーブルの司教に任ぜられた人である。このジャンセニウスの説を信奉する人たちがジャンセニストと称せられる。そして、パリ市内と市の西方二四キロメートルのシュヴルーズの谷間との二か所にあった尼僧修道院、ポール－ロワイヤル修道院の指導者、客員などから成っていた。ジャンセニストはジェズイットに対抗できるほどのものではなく、わずかの数の人たちの集まりであった。しかしパスカルは、かれの信仰と後半生とをポール－ロワイヤルに託したのであった。

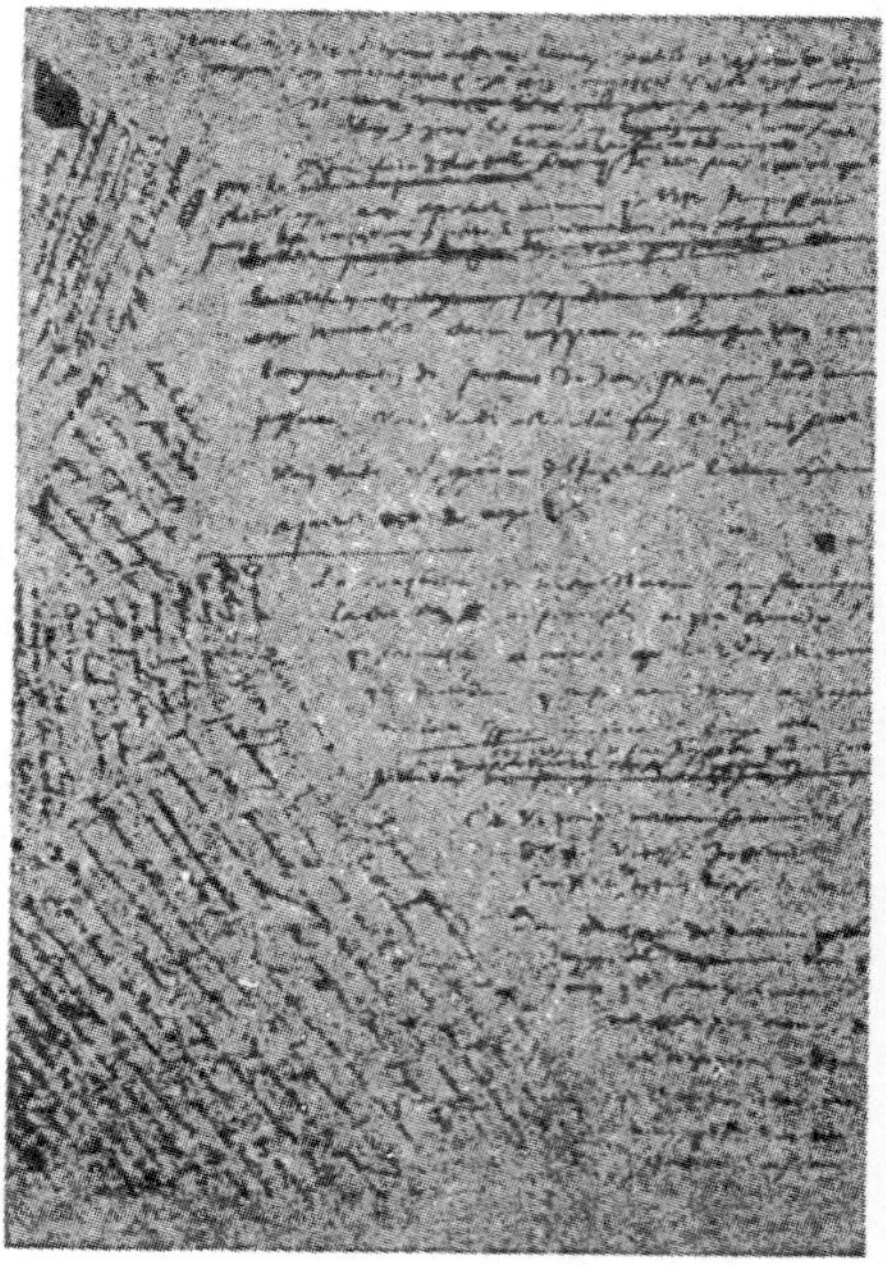

『パンセ』「477」の草稿

パスカルの生活と業績

パスカルは数学者であり、自然科学者であり、また哲学者でもあった。そして、それぞれの面において天才的な業績をあげたのであるが、パスカルがその生涯において最も関心をもち、また、そのおもな目的としたことは、説得と論証とによって、失われた魂をキリスト教の信仰にひきもどすことであった。

まず、みずから信仰の道にはいったパスカルは他の人々をも回心させることに努めたのである。このような意味で、パスカルは、われわれによく知られている「考える葦」というかれの言葉から連想されるような単なる哲学者ではないのである。ルシアン＝レヴィ＝ブリュルによるならば「パスカルをフランスの哲学者の中に含めるか否かを決定することは共に困難であるほどなのである。」（レヴィ＝ブリュル著『フランスにおける近代哲学の歴史』）

このようなユニークな存在であるパスカルは、したがっていかなる哲学者の範疇《はんちゅう》にも入れることはできないのである。また、パスカルはその哲学の体系をもっていない。しかも、パスカルの有名な研究家ジャック＝シュヴァリエがいうように、その哲学はパスカルが生きて体験をしたすべてのものから生まれ出ているのである（シュヴァリエ著『パスカル』）。すなわち、パスカルの科学や数学の研究、社交生活、信仰の経験のすべてからその哲学は生成しているのである。それゆえ、他の多くの哲学者においてなすことができるような生活と業績とを明確に区別することは、パスカルにおいては不可能であり、その二つのものの間を絶縁するような仕切りはないのである。したがって、パスカルの生涯を語ることは、かれの思想を語ることにもなるのである。そして、その思想はパスカルがその生活において魂を深めることによって発展して行ったものなのである。

パスカルを読むとき、数学者、自然科学者としてのパスカルも、人間を研究する哲学者としてのパスカルも、またキリスト者としてのパスカルも、われわれに興味をおぼえさせるであろう。そして特に、正確な科学者の眼をもって、上流社会での社交生活から得た豊かな経験と、キリスト者としての神秘的な経験とからなした人間の研究は、われわれに多くのものを教え、また、われわれ自身についての多くの反省をわれわれにもたらすであろう。この人間研究は実存哲学の見地からいってもきわめて意義あるものなのである。

自分自身を知らねばならない。それが真理を発見するのに役立たないとしても、少なくとも、みずからの生活を規定するのに役立つのである。そして、これほど当たり前なことはないのである。（パンセ　六六）

Ⅱ パスカルの生涯と思想

子ども時代

わたくしはわたくしの一生の短い期間……を考えてみる時、あそこにいないでここにいるわたくしに気づいて恐れ驚く。なぜならば、なぜあそこにいないでここにいるのか、なぜあの時にいないで今いるのか理由がないからである。だれの命令と指揮によってこの場所とこの時がわたくしに定められたのであろうか。

（パンセ　二〇五）

パスカル一家

ブレーズ＝パスカルは一六二三年六月一九日、エティエンヌ＝パスカル（一五八八年―一六五一年）を父とし、また、アントワネット＝ベゴン（一五九六年―一六二六年）を母として、オーヴェルニュ州クレルモン－フェランのデグラ通りの家で生まれた。父は、はじめクレルモンの税務裁判所[1]の参事官であったが、後にモンフェランの御用金裁判所[2]の副長官になった。一六三〇年にはこの役所はクレルモンに移転した。この父が出たパスカル家はオーヴェルニュの旧家で、その祖先の一人であったエティエンヌ＝パスカルは参事院請願委員であり、ルイ一一世（一四二三年―一四八三年）によって貴族に叙せられ

1）人頭税、塩税などの税務関係のことを裁いた一七世紀の裁判所。　2）御用金に関する事件を裁く法廷。

ていた。しかし、この貴族は生まれによるものではなく、ある官職につくことによって得ることができた官服の貴族であり、むしろ当時の市民階級に近いものであった。また、母のアントワネット＝ベゴンはクレルモンの商家の娘であったが、その父はもと市の吏員であったという。彼女は非常に敬虔《けいけん》な才気に満ちた婦人であり、また、きわめて慈悲心にも富んでいた。エティエンヌ＝パスカルとアントワネット＝ベゴンは一六一八年に結婚し、四人の子どもをもうけたが、そのうち一人は早く他界した。パスカルの姉ジルベルト（後のペリエ夫人）は一六二〇年に生まれ、妹のジャクリーヌは一六二五年に生まれている。パスカルの母、アントワネット＝ベゴンは一六二六年、パスカルが三歳の時他界した。エティエンヌ＝パスカルは、その後再婚することなく家族の世話をした。母なき後、パスカルは姉妹の中で、また姉のジルベルトが後に「私の忠実な友人」と呼んだ一人の婦人の世話を受けながら育って行った。この三人の女性のパスカルに対す

パスカルの生家

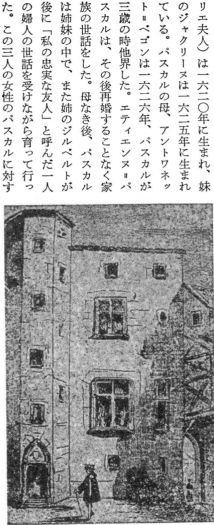

ジルベルト＝パスカル（ペリエ夫人）

る愛情が亡き母のそれに代わったのである。

パスカルは幼時から健康ではなかった。パスカルの姪《めい》のマルグリット＝ペリエは、パスカルが二歳位の頃非常に衰弱し、奇妙な症状を示したことを伝えている。それによれば、かれは水を見ることにたえることができなかったという。また、父と母がいっしょになってかれの方に来ることにもたえられなかったという。このような衰弱に伴う奇妙な症状は一年間も続き、早くもパスカルが生涯苦しめられた病気の徴候があらわれたのである。また、パスカルはきわめて精神的にも早熟であった。人と話をすることができる年齢になると、事物の本性についての質問をして人々を驚かせたほどであった。

パスカルの教育

一六三一年、父のエティエンヌ＝パスカルは自分の地位を売りパリに移った。それは、子どもたち、特にパスカルの教育のためであった。エティエンヌ＝パスカルは地位を売ることにより、金銭的な余裕と同時に時間的な余裕もできた。かれはそれを自分の科学上の研究と子どもの教育とにあてたのであった。かれは幾何学や数学や技術にも通じ、古典語をよくし、また音楽にも豊かなたしなみをもっていた。しかも、きわめて愛情にも富んでいた人物であった。

当時はジャンセニストのコレージュが隆盛であった。しかし、かれはそこには息子を通わせずに家におき、かれ独特の方法で教育をしたのであった。したがって、パスカルは父親以外の先生をもたなかったのである。エティエンヌ＝パスカルの教育方針は、パスカルにその程度以上の勉強を強いないということであった。それは、むやみに知識を詰め込まないで、あくまでも、自発的に勉強させ、それによってパスカルが独力で物事を知ったり、真理を発見できるようにという配慮によるものであった。また、エティエンヌ＝パスカルはパスカルに、明らかなものだけについて決定を下すように教え、明らかでないものについては、肯定も否定もしないように教えた。これらがパスカルを教育するに当たっての父の根本方針であった。

若き日のパスカル

エティエンヌ＝パスカルは、パスカルの教育に当たっては入念に計画をたてた。かれはパスカルが一二歳になる前にはラテン語とギリシア語とを学ばせないと決めていたし、また一五、六歳になる前には数学も学ばせないと考えていたのであった。八歳から一二歳の間は、ただ一般的に、言葉というものがどのようなものであるかを、また文法の規則というのがどのようなものであるかを教え、さらにどうしてすべての言葉は、ある国の言葉から他の国の言葉へと伝えることができるのかを説明したのである。また同時に、自然界のさまざまな現象へと目をむけさせることも忘れなかった。このころのパスカルは、あらゆる事物の理由を知ろうとしてやまなかった。もしそれに対して、少しでも不十分な説明をしたり、適当にごまかそうとでもすればさらに質問をして、それを納得のゆくまで続けるのであった。しかも、かれは明らかに真であると思われることにしか承服できなかったので、もし自分のわからないことについて、人が納得できる説明をしてくれない時は、自分自身でそれを研究しなければ気がすまなかった。ある時、パスカルは陶器の皿をナイフでたたくと大きな音が出るのに、その皿に手を触れたままでたたくと音がながく続かず、すぐにやんでしまうのに気がついた。パスカルはこのことを知ると、その原因を探求しようといろいろな実験を行ない、その結果を一編の論文にまとめた。これがパスカルの処女作の「音響論」である。しかし、それは紛失されて今日では伝わっていない。この時パスカルは一一歳であったといわれている。

天才パスカル

このようなパスカルの天才は幾何学にもあらわれる。すでに述べたように、エティエンヌ＝パスカルは、パスカルに一五、六歳になる前には数学を教えないということを決めていたのであったが、パスカルは一一歳の頃からすでに数学について非常に興味をもち、種々知りたいと思っていた。そしてある日、パスカルは父に数学について種々質問したのであった。しかし、父はパスカルがラテン語とギリシア語とを覚えたらその褒美《ほうび》に数学を教えてやろうといって、その質問にはあまり答えようとはしなかったのである。ただ数学（幾何学）というものは正しい図形をつくる方法と、図形間の関係を発見する方法とを教えるものであるといっただけである。それ以来、パスカルは家での勉強の休憩《きゅうけい》時間には木炭で図形をかき、それを正しい形にしようと熱中したのであった。パスカルは円を丸と呼び、線を棒と呼んだ。そして、独力で公理や定理をつくり、それらをいろいろな証明に結びつけたのであった。こうしているうちに、パスカルは、ついに、「三角形の内角の和は二直角である」ことを証明したのであった。この時パスカルはまだ一二歳になっていなかったという。これを知った父は涙を流してよろこび、さっそく、友人のパイユールのところにそのことを打ち開けに行ったのであった。パスカルはこのことによって、ようやくひまな時に読むようにと『ユークリッド幾何学原理』を与えられるようになった。

パスカルは一二歳になると、ラテン語、数学、哲学を教えられるようになる。さらに、正規の科学研究も始める。また、歴史と地理が毎日の食事の間や食後の話題となるようになった。こうした教育の中で科学は最も重視されたものであった。パスカルは特に数学を非常な熱意をもって勉強した。また、宗教教育も決しておろそかにされていなかったようである。

パスカルは以上のようにして、父親によって独特な教育を授けられ、その非凡な才能をきわめて早くあらわしたのであったが、その才能は、さらに、パスカルをさまざまな人士の中に出して交わらすことによって伸ばされて行った。その頃、エティエンヌ＝パスカルは、みずからの家に才人を集めて、当時話題となっていた科学上の問題について話し合っていた。パスカルはその集まりの中ですでに一人前であった。そしてかれは、しばしば有益な考えをそこで述べているのである。まもなく、エティエンヌ＝パスカルはメルセンヌの家で毎週行なわれていた有名な会にパスカルを連れて行った。この会は後の王立科学アカデミーの基礎となったものである。そこにはロベルヴァル、カルカヴィ、パイユールといった数学者、望遠鏡のレンズ造りと天日取りの凹面鏡の製造に熱中していたミドルジュ、数学と東洋語に精通していたアルディ、職人の労力をどのようにしたら削減できるかということを、数学と力学の両面から研究していたデザルグなどが集まっていた。この会の方針は原則として科学を重んじるということであり、またここでは、とりわけ数学が尊重されていた。たとえば、メルセンヌは数学を道徳上のことにも適用させようと考えていたのであった。また、この会の人々は事実や経験や科学にもとづいた有益な発明に情熱をもやしていた。この頃、パスカルは数学者のフェルマにも会っている。

このようなすぐれた環境の中で、パスカルの科学的精神はさらに成長して行くが、かれの父からうけた宗教教育は、当時の自由思想家たちが人間の理性をあらゆるものの上においていたことを誤りであるとパスカルをして考えさせていた。すべて信仰の対象は理性の対象になることはできないと教えられていたパスカルは、宗教上のすべてのことに関しては、あたかも幼児のように承服していたのであった。

円錐曲線

パスカルはこうした人々との交わりの中で急速にその才能を発展させて行った。特にかれは数学と物理学にひいでていた。また、ラテン語の進歩もめざましいものがあり、読み書きは自由であった。ギリシア語もかなり読めるようになっていたし、さらに、イタリア語も読めるようになっていた。パスカルは読書においては、多読をすることよりも読んだことについてよく考えてみる習慣をもっていた。したがって、パスカルにはどのような領域にも広く通じているとはいえないものがあった。文学についても、神学についても、また哲学についても、ほんのわずかな知識だけしかもっていなかったのである。

このように、当時のパスカルの心をとらえていたものは科学であった。一六三九年、一六歳の時、パスカルは「円錐曲線試論」を書いている。それは一六四〇年に印刷され今日でも残っているが、それはアルキメデス以来だれもこのようなすばらしい才能の持主をみたことがないと大評判となった。また、メルセンヌは円錐曲線についてのこれまでのだれの研究よりも進んでいると賞賛したのであった。メルセンヌはパスカルのこの論文の抜粋《ばっすい》をデカルトに送った。しかし、デカルトはそれを半分も読まないで、それはデザルグに教わったものだろうと答えている。たしかに、パスカルはデザルグの方法によってはいるが、さらにデザルグの到達していないものに到達しているのである。それは円錐曲線についての最も根本的な性質をパスカルの定理の中にとらえているということからもいえよう。この「試論」の補題三に、いわゆるパスカルの定理が述べられている。このパスカルの定理は簡単にいうならば、「円錐曲線に内接するすべての六角形の相対する辺の三交点は常に一直線上にある」というものであるが、この「試論」では、このことは非常にややこしい言葉で表現されている。たとえば、秩序という言葉が出てくるが、それは「多くの直線がある一点で出会うか、あるいはこれらがみな平行である場合にはそれらの直線は同じ秩序にある」というように使用されているのである。パスカルの円錐曲線についての研究はその後もすすめられた。その稿本は膨大《ぼうだい》なものであったようであるが、今日では伝わっていない。

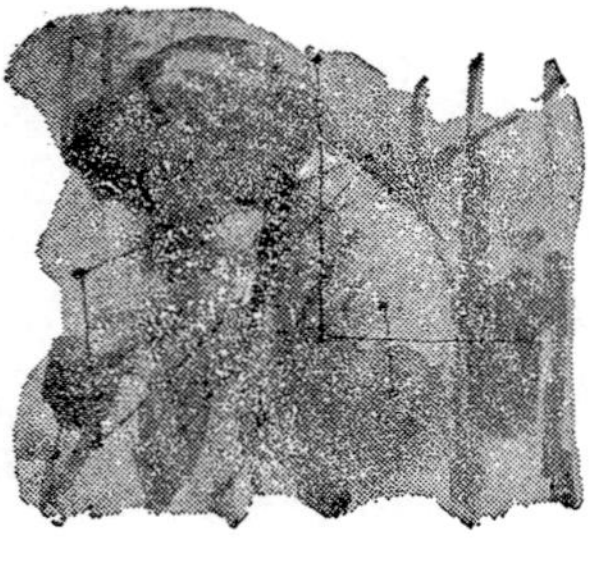

計算器は動物がなすすべてのことよりも思考に近い作用をなしている。しかし、それは動物のように意志をもっているといわせることのできるなにものもしないのである。（パンセ　三四〇）

ルアンの時代

計算器の発明

一六三九年にエティエンヌ＝パスカルはリシュリュー枢機卿《すうききょう》の命により、勅任の税務長官としてルアンに派遣された。エティエンヌ＝パスカルは一六四八年にその職を退くのであるが、パスカルはここで一六歳から二五歳まで生活をすることになる。ここでのエティエンヌ＝パスカルのおもな仕事は税金の徴集であった。私服をこやすことを知らないまじめな人間であったかれは、きわめて忠実にみずからの任務を果たしたので、貧民はしばしば暴動を起こしたという。この事件はパスカルになんらかの精神的影響を与えずにはおかなかったのであろう。パスカルは後に、「最も悪いものは内乱である」と『パンセ』の中で述べている。

さて、ルアンにおけるパスカルの業績の一つに計算器の発明がある。かれは日頃から父が税金の計算に苦労しているのをみていた。その苦労をなんとか軽減させてやりたいというのがその発明の動機となったので

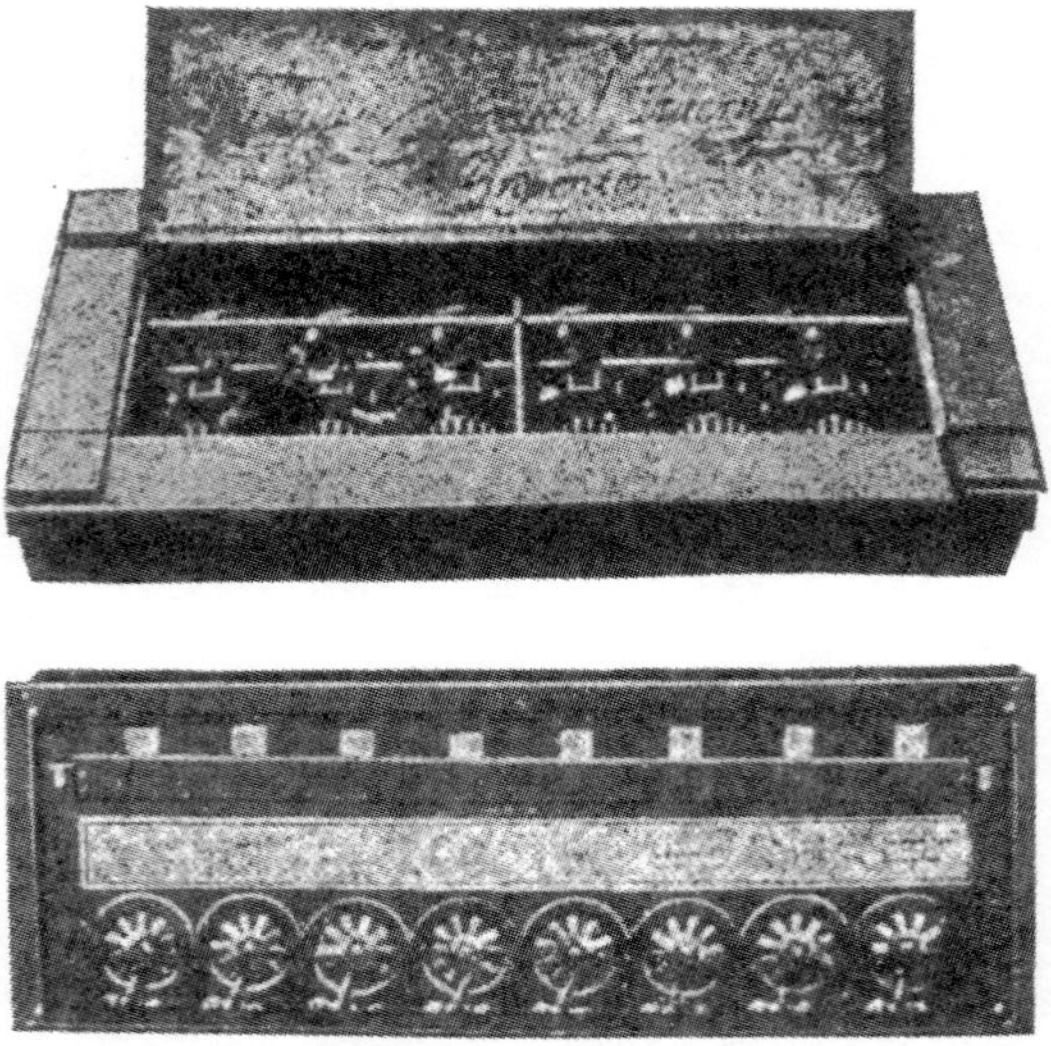

パスカルの発明した計算器

ある。当時はまだ「ネイピアの棒[1]」といわれた計算器しかなかった。それでは掛算は加算に還元されて行なわれなければならなかった。それに控除のときにはまだ暗算をしなければならなかった。これに対して、パスカルの計算器はそれらをすべて機械で自動的に行なうものであった。この意味でパスカルは計算器の最初の発明者であるということができよう。しかし、この器械が完成するまでには、パスカルは模型を五〇台もつくり、みずから職工の仕事の監督もした。その完成には約二年の年月がかかったのである。かれは道案内をしてくれる人もなく、あえて、あたかも茨《いばら》が一面に生えている原野に新しい道をひらいて行くような努力をしたのであった。このため、日頃からあまり丈夫ではなかったかれの健康は悪化するのである。この計算器の発明は一六四二年、かれが一九歳の時であったといわれる。一六四九年には大法官のセギエによってパスカルは計算器の発明の名

1）スコットランドの数学者ネイピア（一五五〇年—一六一七年）の発明した計算器のこと。かれは対数計算を発見している。

誉と利益とを保証する特許を与えられている。そして、一六五二年になってようやく計算器の決定型が完成されたのであった。

以上のような計算器の発明はパスカルを純粋な幾何学から物理学へと向けさせたのであった。パスカルが物理学に惹《ひ》かれたのは、物理学が真に一般的な科学であり、また宇宙についての哲学的な科学であると思ったからであった。そして、その根底から自然と世界の存在とを説明しようとする形而上学の基礎は物理学にあると考えたからなのであった。

真空に関する実験

ところで、一七世紀における物理学の主要な問題の一つに真空の問題があり、しかもそれは最もあいまいな問題の一つでもあった。当時の哲学者は、まだ真空と無とを区別していず、また学者によってはアリストテレスの自然学の考えに従って、自然は真空を嫌悪《けんお》し、絶対にこれを許さないと信じ、真空を得ることはできないと考えていた。デカルトでさえも真空は実現できないものであり、また想像もおよばないものと言明していた。ただ原子論者だけが真空は存在するといっているだけであった。しかし、かれらでさえも実際に人間にそれとわかるように真空の実験をすることができるとは考えていなかったのである。

ところが、一六四四年、トリチェリーが突然驚くべき実験を行なった。これは「トリチェリーの実験」と今日呼ばれているものであるが、この実験が物理学を一変させようとしていたのである。その当時、メルセンヌはイタリアを旅行していてそれを知り、フランスにその年のうちに紹介している。しかし、メルセンヌをはじめとするだれもがその実験を追実験することはできなかった。メルセンヌは、そこで再びイタリアに行き、トリチェリーに会ってみずからの眼でその実験の成功をみたのである。しかし、メルセンヌは、またもそれをみずからの手で成功させることができなかった。この実験のむずかしさの一つは、かなり頑丈《がんじょう》でしかも均整のとれたガラス管が必要であり、それがなかなか手に入れることができないというところにあった。

一六四六年一〇月、デカルト派に属している、すぐれた実験家のプティが旅行でルアンを通りがかり、エティエンヌ＝パスカルを訪問した。そして、この二人は真空をつくる実験を協力して試みたのである。当時、ルアンには有名なガラス工場があった。二人はここで四ピエ[1)]ほどの長さのガラスの吹管を準備した。それから四〇ないし五〇ポンドの水銀も準備した。こうして実験が行なわれた。水銀を一ぱいつめたガラス管を逆さにして、水銀と水とを半々に入れた水槽の中にたてるとその上部に隙間《すきま》が生じた。これがトリチェリーの実験の再現であったが、エティエンヌ＝パスカルはその隙間をみて「真空だ」と叫んだのであった。しかし、息子のパスカルは「それは空気の充満している隙間であるともいえる」といって反対したのである。その時、プティはガラス管を序々に上げていった。しかし、ガラス管の中の水銀はそれといっしょには上がらないで、管の上部の隙間は序々に増大していった。そして、ついに管の下端が水槽の水の部分に達すると水がガラス管の上部の隙間をめがけて侵入して行った。このことから、この隙間には空気が充満していないことが証明された。しかし、それに微量の空気、もしくは水銀から出たなんらかの精気が含まれていないというこ

1)　一ピエは約三二・五センチメートル。一プースは一ピエの一二分の一。

とをこの実験はなにも証明していなかった。また、なぜ隙間ができるのかもわからなかった。したがって、それを説明する必要もあった。これはパスカルの仕事であった。

パスカルはさまざまな条件のもとで、この実験を試みようとした。かれは種々の長さと太さの管を使ったり、水や油や葡萄《ぶどう》酒などさまざまな液体を使ってきわめて細心に実験を行なった。有名な「パスカルの注射器」はこの実験のために発明された新しい装置であった。しかも、こうした実験は大勢の人のいる前で行なわれた。こうしてパスカルは、ガラス管の直径、形、傾斜のいかんにかかわらず水銀は常に同じ約二ピエ四プース（七六㎝）まで昇り、水の場合には三二ピエまで上昇することを実証した。そして、たとえ管の中の隙間に希薄な空気または微少な精気があるとしても、それは水銀やその他の液体の高さには少しも影響をおよぼしてはいないと考えたのである。

この実験の結果は一六四七年一〇月四日に、「真空に関する新しい諸実験」にまとめられ発表された。その結論としてパスカルは七つのものをあげているが、そのおもなものを示せば次の通りである。

㈠ すべての物体は互いに離れる嫌悪をもっている。このことがそれらの間に真空を可能にするのである。

㈡ この嫌悪は大きい真空に対しても、小さい真空に対しても同じ強さをもっている。

㈢ この嫌悪の力は限定されている。

反対者

以上のような結論は単に物理学の上だけでなく、哲学的にもきわめて重要なものであった。なぜならば、それは事実によって真空の存在を断定したわけであるが、アリストテレスはそれを理性の名のもとでは不可能であるとしていたものであるからであった。したがって、このパスカルの結論に対しては非常な反対があった。その中でもっとも強硬な反対者はジェズイットのノエル神父であった。かれはパスカルに手紙を書いて「見かけの真空は物の働きをもっている。たとえば、それは光を屈折させたりしてとおし、また、それは他の物体の運動をおくらせたりする。したがって、それは一つの物体である。」といい、また、「真の真空は無であるから考えることのできないものである。」と反駁《はんばく》した。これに対してパスカルは次のように答えている。「もしもわれわれが肯定したり、否定するものが二つの条件、すなわち原理もしくは公理とそれらからの必然的な帰結の一つをもたないならば、われわれはある命題についての肯定あるいは否定の決定的な判断を決して下すべきではない。われわれは明らかな証明によって、あることが真であると示されない限りなにも肯定してはならないのである。これは、ただし、科学についてだけであって、信仰に関してはその限りではないのである。というのも、信仰の秘儀は聖霊それみずからによって啓示されたものであって、ここでは精神の従順がわれわれの信仰を導いて、われわれの感覚や理性にかくされたすべての秘儀《ひぎ》にわれわれはあずかることができるようになるからである。ところで、あなたはあなたの空想によって、いろいろな傾向をもつ微細な空気を想像している。そして、あなたは、それをわれわれの見ることのできないものであるとしている。あなたの仮定はあなたを満足させている。われわれにとってはそれは証明されなければならないものなのである。また、あなたはあなたが使用している用語や定義を示す。しかも、定義されるべき用語がそれ自体定義に使用されている。たとえば、あなたは光について、明るい、すなわち光る物体によって構成された光線の明るい運動であると定義している。このような定義は真の定義についての諸条件をいかに考慮してみても、わたくしには発見することのできないような定義である。神父さん、以上のようなことが、あなたの判断を仰ぎたいと思っている考えなのである。」と。

ノエル神父はタロン神父を通じてパスカルに反駁の手紙を渡した。その際、タロン神父はパスカルに、ノエル神父はパスカルの病気のことを知っているから返事はしなくてもよいとほのめかした。パスカルは実際具合が非常によくなかった。そこで返事はしばらく書かないで、そのままにしておいた。しかし、ノエル神父の意図を知らない他の神父たちのあるものが、パスカルの沈黙は敗北を認めたことを意味するというのを聞いたパスカルは、パイユールに手紙を書いて、ノエル神父の反駁に対するみずからの考えを表明した。この手紙においては、非常にあからさまにカルテジァニスム[1]に挑《いど》んでいる。これに対して、ノエル神父は一六四八年五月『真空の充満』と題する書物を出した。この内容は形而上学の面においてはパスカルに宛てた第一の手紙と同じ考えを述べているにすぎなかった。しかし、自然科学の面では、パスカルの考えにやや近づいている。

1) デカルト説。

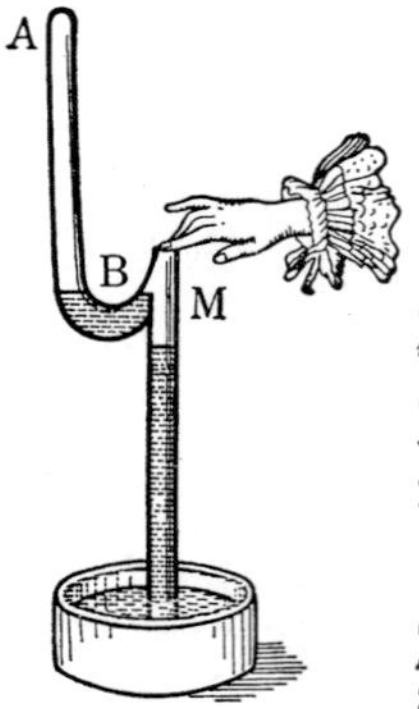

空気は重い

一方、パスカルはトリチェリーの実験においてなぜ液体がガラス管の中で宙にとどまるのか、その原因を真剣に考えていた。そして、それは決して当時、考えられていたように「自然の真空に対する嫌悪」によるものではないと気づいていた。ガリレイはその頃すでに空気に重さ、すなわち圧力があるということを証明していた。また、トリチェリーもこの空気の圧力が水銀柱が一定の高さを保つ原因であるかも知れないという考えを表明していた。パスカルは、このトリチェリーの考えを実験によって証明しようと考えた。こうしたパスカルの考えは一六四七年一一月頃から芽生えている。そして、かれは種々考えたあげく、二つの方法によって実験をすることにした。一つは真空の中の真空の実験である。パスカルは、この実験には気圧計と同じくらいの長さの二本のガラス管を用意した。一本は上部がふさがっていて、下部が曲がっており、これをもう一本のガラス管の上部とつなげておく。そして、これは、図のように上部、下部ともに開いている。上部のあいている所を指でおさえれば完全にふさぐことができるようにしておく。さて、この管のつなぎ目の穴を指で押さえて水銀をみたし、次に水銀の入った容器の中に指で押さえたまま逆に立てる。そうすれば両端があいているガラス管の中の水銀は通常の高さでとどまるが、下部が曲がっているガラス管の中の水銀は、その曲がっている部分に落ちてたまるのである。このことは一体なにを意味しているのであろうか。パスカルはMの部分は真空であって空気がなく、したがって、ABの管の中の水銀は全部落ちたのであると説明している。もし、Mで押さえていた指をとればABの中の水銀は通常の高さ、すなわち気圧計が指す高さになるであろう。ABの水銀が落ちたのは、要するに空気のないところにはその重さの影響もないということからなのである。この実験は、しかしながら、パスカルにとってはまだ決定的なものとは思えなかった。というのも、このようなことは、「真空の嫌悪」によっても十分真実らしく説明することができるかもしれないと考えたからであった。そこで、パスカルはもう一つの実験をおもいたった。それは、同じ管、同じ水銀を使って同じ日に、五、六百トワーズ[1]位の高さの山の麓《ふもと》、あるいはその頂上で何度も繰り返してみるという実験だった。パスカルは、もし水銀柱の高さが山の下よりも山の上で低いならば、空気の圧力が水銀柱の支えられている唯一の原因ということが、その事実からひきだせると考えたのであった。なぜならば、山の下では空気の圧力が強く、反対に山の頂上ではそれが弱いということはもっともであるのに反して、山の麓では、自然は山の頂上におけるよりも多く真空を嫌悪するなどということは理屈にあわないと考えたからなのであった。この実験をパスカルは当時、オーヴェルニュの御用金裁判所の参事をしていた義兄のペリエに依頼した。それは一六四七年一一月のことであった。自分の仕事が忙しく、一六四八年九月一九日にようやくペリエはその実験をピュイ-ドームの山で試み、成功したのであった。ペリエは山を登って行くにつれて、水銀柱の高さが下って行くことを認めた。一方、パスカルもこれと同じ実験をサンージャック教会の塔の上と下とで、また、高さ九〇フィートもあるある人の家で試みたのであった。この結果はペリエの試みた実験の結果と同じであった。パスカルは一六四七年一一月一五日にペリエに宛てた

1) 一トワーズは一・九四九メートル。

手紙の中で「わたくし自身としては、すべてこのような事実を空気の重さと圧力とに帰したいとおもう。」と書いている。こうしてパスカルにとっては、それまで自然が真空を嫌悪するという哲学者によって承認され、また、一般的に認められて来た原理を完全に放棄しなければならなかった。それは人間の理性の判断によっていたかも知れなかったが、しかし、実験はこの判断を否定したのであった。空気の圧力、すなわち気圧こそが唯一の原因であったのである。そして、それは哲学者の想像とはなんらかかわりあいのないものなのであった。

中傷

この実験の成功をパスカルは喜ばしく思い、また、得意でもあった。しかし、この成功は反対にジェズイットたちを立腹させた。そして、かれらはパスカルの名はあげなかったが、暗にパスカルがトリチェリーがその創始者であるある実験をみずから発明したと主張しているといってパスカルを非難した。この非難はモンフェランのジェズイットの学院に提出された論文の中にあらわれたものであるが、その論文は当時クレルモン-フェランの御用金裁判所長官のド＝リベェルに捧げられたものであった。そこで、パスカルはかれに手紙を書いて自分の実験の経緯を詳しく述べて了承を求めている。ド＝リベェルはパスカルに宛てた手紙の中で「あなたの天真爛漫《てんしんらんまん》さとまじめさとをわたくしはあまりにもよく知っております。ですから、あなたが誇りとしている徳、また、あなたの行為や品行の中にあらわれる徳に反して、なにごとかをなしたということをあなたがかつて納得させられたことがあるとは信じられないのです。」といっている。それにしても、パスカルの心痛ははなはだしいものがあったであろう。

また、デカルトは真空に関する実験を自分がヒントを与え、また実験を依頼したといっている。事実、デカルトはパリにおいて、一六四七年九月二三日と二四日の両日パスカルに会っている。しかし、ここでは真空の本質について語り合い、デカルトはパスカルの質問に対して、ガラス管の中には微細な物質がはいっているとまじめに答えたのであった。また、デカルトはパスカルの健康にもふれ、毎日ベッドにいるのがいやになる位寝坊をすることと、多量のスープをとることをすすめている。実際デカルトも朝寝坊であったのである。デカルトは後になって、一六四九年六月一一日付の手紙で、カルカヴィにパスカルの実験結果を教えてくれるように頼んで次のように述べている。「わたくしはそのことをあなたからよりもむしろかれ（パスカルのこと）から期待する権利をもっているであろう。なぜならば、二年前にかれにこの実験をするように忠告をしたのはわたくしだからです。」いずれが事実であるとしても、パスカルはながいこと真空について考え、その結果がこの実験となってあらわれたのであって、一時の忠告やヒントから偶然なされたものではなく、パスカルの科学的精神から必然的に生じたものであるといえよう。

二つの論文

パスカルはこうした考えをさらに一般化しようとした。これを試みようという考えは、すでに、一六四七年一一月一五日付のペリエへの手紙の中にもあらわれている。その中でパスカルは、水銀柱が一定の高さを保つその事実を「流体の平衡についての普遍的命題の特殊な場合である」と書いている。かれは、こうして一六五三年、「流体平衡論」と「空気の質量の重さについて」の二論文を完成する。

まず、パスカルはその「流体平衡論」において、流体の重さはその高さに応じて変化するということ、したがって解放表面に働く力は流体を垂直に計ったものを高さとし、解放表面の広さを底とする柱の重量によって計られるということが述べられている。また、「流体に与えられた圧力はあらゆる方向にその連続性により等しく伝わる」といういわゆるパスカルの原理も述べられている。また、「空気の質量の重さについて」においては、空気は重さをもつものであり、すべての方向にその重さの圧力をおよぼすものであるということ、空気はあたかも積み重ねられた羊毛の下の方が圧縮されるように、下部の方が濃く上部は薄いということが述べられている。

物理学と神学

以上のようなパスカルの物理学上の発見や実験は物理学の本質をみずからに認識させ、それは同時に神学や哲学と物理学とをますます明瞭に区別させたのである。一六四七年の『真空論序言』にそれはよくあらわれている。パスカルはこの中で二種類の認識があるとしている。一つは記憶だけに依存するものであって、それは神的または人的事実によるもので、これには歴史や神学が属するのである。他方は感覚または理性のもとにあるもので、これには数学や物理学が属する。この二つのものはまったく厳密に区別される領域をもっているわけで、前者においては証言の権威だけがわれわれに過去のできごとについての認識を得させてくれるのである。特に神学では権威は最高のものであり、それは、最ももっともらしいことを不確実なものにするのに十分であると同時に、最も不可解なことを真にするのに十分なのである。しかし、物理学と数学の領域においては、権威は無力である。数学において、われわれは容易にそのことを理解するであろう。また、物理学においては、問題は自然法則を発見すること、すなわち、諸現象の間の一定の関係を発見することである。われわれの眼前に起こる事実を認識するためには、われわれに権威は無用である。それは事実がしかじかの自然的原因によって説明されるということを証明することを知らない。また、数学的な方法はさらにそれに適合しないのである。

このような方法の相違というものが神学と物理学において性格の根本的相違を生じさせるのである。神学は不動である。物理学は絶えることのない発展に従っている。神にのみ原因している神聖にしておかすべからざる尊敬を、アリストテレスに対して要求する偽りの賢者の傲慢《ごうまん》さを打破らなければならないのである。物理的科学に適している進歩はその二重の原理からの帰結なのである。すなわち、一方において経験は絶えず増加し、それの各々は肯定的であれ、否定的であれ、新しい認識をもたらすのである。また、他方において、人間の理性と動物の本能とは事情が異なる。すなわち、動物は限られた完全という状態の中でみずからを保つこと以外に他の運命をもたない。常に同じ本能がかれらを満足させているのである。しかし、人間はただ無限に向かって創《つく》られている。人間の知性は絶えず自己を完全にしつつ進んで行くのである。人間は無知から出発する。人間が得る経験は人間を推理へとかりたて、そしてその推理の結果は無限に増大して行くのである。科学においては、記憶によって、また、自己の認識を保存するように人間がもっているいろいろな手段によって、各自が日増しに進歩するばかりでなく、すべての人がいっしょになって科学において絶えまない進歩をなすのである。それゆえ、何世紀もの流れの間、人間が生存を続けて来たのは常に一個の人間が存在し、そして絶えず学んで来たのであるとみなされなければならないのである。また、われわれと古人との関係についていえば、古人はすべてのことにおいて新しく、人類の幼年期を形成していたのである。したがって、古人であるのは、むしろわれわれなのである。そして、もしも古いということが尊敬を受けるのに必要な資格であるならば、尊敬を受けるのはわれわれであろう。しかし、もしも実際真理が永遠でないならば、どんな真理も尊敬されないであろう。もし、だれか古人が偉大であるとするなら、真理に到達するその努力において、先人の発見を、それを超越するための手段としてのみ用いたからなのである。パスカルは以上のように人間の進歩の原則を述べている。しかし、これは人間の努力する進歩であり、しかもこれは、科学の領域のことだけであって、道徳的生活の進歩についての言葉であるのではない。

以上のように、パスカルは一六四六年から数年間は科学の研究に専念していた。しかし、この間にパスカルにとってきわめて重大な事件が起こっている。それは次の「回心」なのである。

最初の回心

しかし、世界を構成している被造物は限定された完全の中にあることによってその義務を果たしている。というのも、世界の完全も限られているからである。それに反して、神の子らはその純潔と完全とに少しも限界をおいてはならないのである。なぜならば、まったく神聖で完全な無限の体の一部をなしているからなのである。（一六四八年四月一日付ペリエ夫人に宛てたパスカルとジャクリーヌの手紙から）

二人のジャンセニスト

一六四六年一月、エティエンヌ＝パスカルは当時五〇歳であったが、ある慈善の仕事に行く途中、氷の上で転んで腿《もも》を折ってしまった。かれはその怪我《けが》の手当を二人のジャンセニストにしてもらうことになったのである。この二人はド＝ラ＝ブティユリイおよびデ＝ランドという兄弟であった。この二人はルウヴィユの教区司祭のジャン＝ギルベェルの弟子《でし》で、この兄弟はギルベェルの影響によって神のことと、みずからの救いおよび隣人への愛の奉仕以外のことは考えない愛の人たちであった。この二人はパスカル家に約三か月ほど滞在したが、この間家人にギルベェルのことを話したり、ま

サン＝シラン

た種々の書物を与えたりした。そして、パスカル家の人々に、神のことのためにみずからの才能を用いないで、俗世間と人間的学問の虚栄のために用いるのは才能の悪用であると説き、また回心して神にすっかり身を捧げて神的な徳を行為の目的とするようにとも説いたのであった。

　エティエンヌ＝パスカルとその子どもたちがかれらにすすめられて読んだものは、ジャンセニウスの『内的な人間の改革についての講話』、アルノウの『頻繁《ひんぱん》なる聖体拝受について』、サン＝シランの『霊的書翰《しょかん》』、『新しい心』その他であった。これらのものは、人間は文字どおり自己の生においていた中心を神の生におきかえて回心しなければならないということを教えていた。すなわち、それらによるならば、人間は自分自身を神よりも愛し、神の恩寵《おんちょう》をすてて真に堕落《だらく》してしまったのである。人間はその意志の根本においてまで自分自身の奴隷となり、また自分自身に狂喜するようになってしまったのである。したがって、人間は回心しなければならない。人間はこの世と神の間に自己を分裂させておいてはいけない。特に人は学問へのむなしい愛をすてさらなければならない。学問というものは一見して公正であるだけにわれわれを誘惑するのである。しかし、それは実際永遠の真理をもたらすものではなく、かえってわれわれの知性を満足させるための罪深い主張でしかないのである。

以上のような内容は人間の魂のさまざまな能力をただ一つの目的のために秩序づけることを命じていた。その目的とは神の卓越性そのものにあずかるということであった。このような考えは、物事を本質的に首尾一貫して考えるパスカルにふさわしいものであった。

回心

こうしてパスカルは回心した。パスカルは自分の心から世俗的な関心を取り除いて神のため以外には生きないという決心をした。また、特に好奇心からなして来た数学や物理学の研究をやめて信仰に専念する決心をしている。そして、パスカルはジャクリーヌを回心させ、さらに二人で父親を回心させた。この頃、ルアンを訪れたペリエ夫妻もパスカル一家にならって回心をしたのであった。ジャクリーヌが修道院にはいろうと思いはじめたのもこの頃と考えられている。

当時のルアンには、別名サン＝タンジュと呼ばれる還俗した修道士のジャック＝フォルトンがいた。かれは「神の働きはなにごとにつけても和合の理にもとづくものであるから、理性は、神がなすすべてのことを知ることができる。したがって、みずからの推論によって宗教の秘儀を知ることができる。」という異端の説を説いていた。パスカルにとってはこのような考えは、かれが受けて来たすべての教え、すなわち、信仰は少しも理性には反しないが、理性をまったく超越したものであるということと一致するものではなかった。

それにこのような考えが、青年たちに伝えられて起こる危険を考えて、パスカルは友人のデュ＝メスニルとオーズーと共に、サン＝タンジュと公開の場で議論をし、そしてその考えを改めるように勧告をしたが、サン＝タンジュはそれには従わなかった。そこでパスカルはかれをカミュ師に告発したのであった。しかしこれが失敗に終わると、さらにパスカルはガイヨンまでルアンの大司教に会いに行き、ようやくサン＝タンジュの説を撤回させるにいたったのである。パスカルのこのような態度はあくまでもまじめであった。それは決して他人に対する恨《うら》みからではなく、パスカルの真理に対する熱意がそうさせたのであったが、そこには、他人への愛が欠けていたといわれてもいたし方のない激しさがあったことは、否定できなかった。

パスカルは以上のような回心においても、しかし依然として学問研究の生活を続けていた。すでにみたように、真空に関する実験を行なったりしているのである。したがって、パスカルの回心は、さらに後でみるような決定的な回心をまって初めて真のものとなるのである。

また、一六四七年にはパスカルの健康は次第に悪化しつつあった。パスカルは一八歳の頃から一日として身体に病苦を感じなかった日はなかったほどであったが、この頃には特にかれの下半身はほとんど麻痺《まひ》し、杖をついて歩くほどであった。パスカルのこの病気がなんであったかは不明であるが、交感神経系の機能不全、結核性出血性脳炎、鉛中毒などさまざまな病名が後世の医師によって推測されているのである。

社交生活

人間はボールや兎《うさぎ》を追いかけることに夢中になる。それは王様の喜びでさえもある。（パンセ　一四一）

パリで

一六四七年の秋、健康をややもちなおしたパスカルは、妹のジャクリーヌとパリに出かける決心をした。それは、医師の診察を受けるためなのであった。

ちょうどその頃、パリでは、サングランがパリのポール＝ロワイヤルの説教壇で説教していた。ポール＝ロワイヤルは、一二〇四年にマオ＝ド＝ガルランドとユド＝ド＝スュリによって、シュヴルーズの近くに建てられた修道尼院で、一六〇三年、当時、一一歳であった少女、アンジェリック＝アルノーが院長となった。彼女は弁護士アントワーヌ＝アルノーの娘であり、一六〇八年頃から尼院の改革を行なった。この時からポール＝ロワイヤルの栄光ある歴史は始まったといってよい。一六二五年、ポール＝ロワイヤルはパリに移り、これから、この「パリのポール＝ロワイヤル」と「ポール＝ロワイヤル＝デ＝シャン」の二つができたのである。この頃はフランソワ＝ド＝サルが院の指導者であったが、一六三六年にはサン＝シランが指導者

アンジェリック＝アルノーのデスマスク

となった。この時からポール－ロワイヤルはジャンセニスムの中心となっている。一六三七年には、「ポール－ロワイヤル－デ－シャン」にサン＝シランを中心として多くの男の修道士たちが集まり、隠者の生活を始めた。それらの中には、アントワーヌ＝ル＝メエトルとその兄弟たち、ランスロ、アルノーなどがいた。サン＝シランの後継者、サングラン（一六〇七年－一六六四年）がパスカルのパリ到着当時説教をしていたのであった。かれの説教は決して雄弁家のそれではなかったが、やさしい、しかも重々しい言葉で聴衆に語りかけるのであった。それは聴衆の心に直接触れ、聴衆は、サングランがあたかも、とりわけ自分だけに語っているかのように思いこむほどであった。そして、それを聞いた聴衆は、人間の悲惨、不安、まずしさをその心に銘じたのである。このようなサングランの説教はそれを聞きに行ったパスカルと妹のジャクリーヌの心をいたく打ったのであった。サングランの考えは、キリスト教信者はその心をこの世にも分かつことができないということ、また神の道に従って生きようと欲している人々が同時に地上的な執着をもつことによって、必ず後悔をするであろうということであった。

こうしてジャクリーヌは、やがてサングランが指導をしていたポール－ロワイヤルに入りたいと思うようになっていった。そして、当時パリに住んでいたギルベール師を通じてポール－ロワイヤルの修道院と関係をもつようになった。一六四八年七月一一日の勅命によって多くの監督局が廃止されることとなったが、エティエンヌ＝パスカルは、はやくもその年の七月には職を辞してパリに戻って来ていた。パスカルはジャクリーヌの修道院入りの希望をこの時報告したが、父はそれに同意しようとはしなかった。というのもかれは娘と別れて生活することができなかったからであった。そこで、エティエンヌ＝パスカルは自宅にジャクリーヌをひきとめ、ポール－ロワイヤルと関係をもたないようにと監視したのであった。しかし、ジャクリーヌは文通により、ひそかにアンジェリック修道女の妹、アニエス修道女の訓戒を受けていた。

その頃、パスカルのポール－ロワイヤルについての理解は深まっていた。パスカルはポール－ロワイヤルの著作も、また、それに反対する人々の著作も読んだ。このようにその両者を読んでポール－ロワイヤルを知ることによって、パスカルはポール－ロワイヤルの考えに賛同したのであった。しかし、パスカルにはかれ独特の考えがあった。ある時、パスカルは、ポール－ロワイヤルの聴罪司教のルブウル師と話をし、パスカルは「強い精神の人びとが躓《つま》ずく多くのことを、常識の原理によってさえも証明することができると思う。」といい、さらに、パスカルは「キリスト者の義務は推論をかりることなくその教えを信じることであるが、よく導かれた推論は、宗教の教えを認めるようにさえもなる。」と述べたのである。このような独特なパスカルの考えに対して、ルブウル師は、パスカルのそのような考えが虚栄や推論の力に対する自負から出ているのではないか、もっと考えなければならないといったのである。しかし、パスカルは自分がこのようにルブウル師に疑われるような隙《すき》を与えたことについて非常に頑強に弁明をしたのである。パスカルには、このように自説に執着する頑固さがあった。パスカルは宗教の領域外での理性の力を信じていた。したがって、パスカルの自然研究は依然として続けられていたのである。

社交界の仲間たち

一六四九年五月、エティエンヌ＝パスカルは子どもたちを連れてオーヴェルニュに行った。その当時、パスカルの健康状態はおもわしくなく、医師たちからいっさいの研究を離れて気晴らしをするようにいわれていた。また、ジャクリーヌはポール－ロワイヤルの修道院に入ろうとしていた。オーヴェルニュでの社交生活は、パスカルの健康のためにも、ジャクリーヌの気を変えさせて、かの女を父親のもとにひきとめるためにも、一つの転期になるのではないかとエティエンヌ＝パスカルは考えたのであった。パスカルは、ここでの科学の研究を離れた社交生活に興味をもち、さまざまな遊びや娯楽にふけるようになる。しかし、その生活は決して遊びのために乱れはしなかった。一六五〇年一一月、パスカル一家は約六か月のオーヴェルニュでの生活の後に、再びパリに戻って来る。ここでパスカルは序々にロアネス公、メレ、ミトン、デ＝バロオ、サブレ侯爵夫人などと交際するようになって行った。

ロアネス公はパスカルの隣人であり、当時その年齢は二〇歳位であったが、パスカルの社交生活を通じて親友であった。数学にすぐれた才能をもち、それがパスカルと強く結びつけていたのであった。かれの父親は身持ちが悪く、また、母親は子どものことなど構わなかった。このような家庭環境にあって、かれはパスカルを信頼し、また非常な愛着を感じていた。

メレは騎士であったが、また頑固なオネットムで知られていた。オネットムとは一七世紀のフランスにおける理想的な人間像で、それは道徳的に良い人という意味が本来であるが、転じて他人をよろこばすことができる才のある社交人を意味するようになっていた。メレは『真の公正さについての説話』を書いて理想的なオネットムを描いているが、地位や名誉や富に無関心に幸福を他人にまきちらすことに努めた人であった。また、かれは相手の気をそらさないほどの雄弁家でもあった。自然と孤独をたしなんだが、それ以上に女性との社交を好んだのであった。

ミトンは自由奔放《ほんぽう》な人で、人間のすべての営みのむなしさを敏感に感じとる虚無主義者でもあった。しかし、そのような考えの中にも常に安定した精神状態を保っていた。また、かれはまれにみる天賦《てんぷ》の弁論術を身につけていて、モンテーニュに比せられるような鋭いものも持っていた。

デ＝バロオは、かつては高等法院の長官であり、また無神論者でもあった。後に病気を転期として回心したのであったが、かなりの放蕩《ほうとう》者でもあった。

サブレ侯爵夫人は枢機卿リシュリューの姪《めい》で、才芸にひいで気品ある夫人として有名であった。サロンを開いていて、そのサロンからはラ＝ロシュフーコーの『箴言集《しんげん》』が生まれたのであった。

いるのである。

一六五二年の夏、パスカルはロアネス公、メレ、ミトンと四人でポワトウに旅行したと伝えられているが、その時の模様をメレは次のように書いている。ここには、パスカルの名前は明記されていないが、その内容からして明らかにパスカルを指すものと思われる一人の男のことが書かれているのである。

「R公爵は数学的才気をもっている。そして、途中退屈しないようにと、かれは中年の男を随員として伴った。この男はその当時はわれわれの間ではそれほど認められてはいなかったが、それ以来よく噂《うわさ》されるようになった。かれは偉大な数学者で、数学しか知らなかった。こうした学問は世俗の楽しみを与えてはくれない。そして、この男は趣味も情操ももたないのであるが、ほとんどわれわれが話すことに加わらなかった。しかし、時にはわれわれを驚かせたり、笑わせたりするのであった。二、三日はこのようにして過ぎた。その頃からかれは自分の情操にいささか疑いをもつようになった。そして、自分の前で話されていることを知ろうとして耳をかたむけたり、質問をしたりするようになり、手帳をときどきだして書きとめたりした。われわれがPに到着するまでそれは続けられた。そして、すぐにかれはその場にふさわしい適切な言葉や、われわれがいいたいと思っていることしかいわないようになったのである。」

繊細の精神

こうして、パスカルはまもなく一人前に世間的な喜びにひたるようになったのであった。ここでパスカルは、こまやかな人間の感情や繊細な精神、たぐいのないような教養、洗練された礼儀作法などに多く触れたのである。

メレの影響は特に強かったようである。メレは、パスカルに「数学的な論証は実在している事物がどのようなものであるかをわれわれに認識させるのにはまったく無力である。われわれがいきいきとした精神と繊細な眼をもつとき、われわれはまず幾何学者が決してそこに発見しないような多くのものを対象の中に発見するのである。すなわち、物を発見する方法には数学的な論証の方法と自然的な感覚の方法の二つがある。そして、後者の方が前者よりもすぐれているのである。」といっているのである。

このような考えはパスカルにかなり大きな影響を与えている。「論証が事物の抽象的な形態と外部的な関係だけしか与えないのに反して、社交の生活は、われわれに事物の内面に入りこませる特殊な精神の繊細さと鋭敏さとを与えてくれるというのは果たして本当であろうか。」パスカルはこのように考えながら社交の生活に専念したのである。

人間は考えるために生まれている。しかし、純粋な思考はもしも常にそれが持続されるならば、人間を幸福にするであろうが、人間を疲れさせ衰弱させる。それは、みずからをそれに順応させることのできないほど単調な生活である。人間には変化と行動とが必要なのである。すなわち、人間は心のうちに非常に生き生きとした、また非常に深い根源を感じるような情念に時に動かされるということが必要なのである。

…………

精神には二つの種類がある。すなわち、一つは幾何学的な精神であり、もう一つは繊細と名付けることができる精神である。この前者は緩慢《かんまん》で鈍く、そして頑固な考えをもっているが、後者は柔軟な考えをもち、自分が愛するものの、愛すべき種々の部分に同時にそれを適用するものなのである。

…………

人間は独りでいることを好まない。しかし、人間は愛する。それゆえ、人間は愛するなにかを外に求めなければならない。人間はそれを美の中にしか発見することができない。しかし、かれ自身が神の創造したものの中で最も美しいものであるので、人間はみずからのように人間であるが、みずからとは異なる存在にみずからの愛の欲求をみたしてくれるものを発見するであろう。このように、愛は純粋な論理とは異なる特殊な論理である。人は愛している時、愛していない時もつとは異なった別の精神をもつように思われる。

以上は、パスカルが書いたと考えられ、もしくは少なくともパスカルの思想を表わしているといわれている『愛の情念に関する説話』の中の言葉であるが、パスカルは社交生活をとおして心情の論理を発見して行ったのである。また、パスカルは次のようにもいっている。

人生は、それが愛によって始まり野心によって終わるときなんと幸福であろうか。もし、わたくしがその一つを選ばなければならないとするなら、わたくしは前者を選ぶであろう。偉大なる精神はもっともしばしば愛するものではない。わたくしが語っているのは激しい愛なのである。偉大な精神を動かし、みたすためには洪水が必要なのである。

恋　愛

パスカルは、その社交生活の間に、ひそかにある女性におもいを寄せていたようである。『愛の情念に関する説話』の中でかれは次のようにいっているのである。

愛しているということもできないで愛することのよろこびは、それなりの苦しさがある。しかし、それなりの甘さもある。人は、かぎりなく尊敬する女性に気にいられようとして、なんと熱心にその行為を調節することであるか。

人は、しばしば、その身分以上のことをしようとする。人は激情がもえあがるのを感じるが、それをかきたてた女性に、そのことをなかなかいえないものである。

しかし、パスカルが恋愛をしたか否かを正確にいうことはできない。その恋愛を断定する人もいるが、それの確かな証拠はない。だが、パスカルは自分より身分の高い婦人に心惹《ひ》かれ、ひそかに愛していたであろうということは想像できる。『愛の情念に関する説話』はパスカルの恋愛の生々しい体験によって書かれたといえよう。また、先にあげたパスカルの言葉は、そのような経験をもったことのあるものにとっては、きわめて真実さをもって心にひびく言葉でもあろう。

パスカルのパリでの本格的な社交生活は約二年ほどで終わる。それは、ジャクリーヌが一六五二年、ポール－ロワイヤルに入った頃から一六五三年の終わり頃までである。この間パスカルの生活をポール－ロワイヤルは、「パスカルの放蕩」と呼んだのである。しかし、これは、普通の人の場合ならば高い道徳性の生活とまではいえないとしても、かなりりっぱな生活であったといえるような生活であったという。パスカルは決して悪徳におちいることはなかったのである。ペリエ夫人の言葉によれば「神の慈悲によって、パスカルは悪徳から保護されていた」のである。

エピクテートスとモンテーニュ

ところで、パスカルに「人間」への眼を開かせたものには社交生活のほかに哲学書があった。パスカルは特にエピクテートスの『提要』とモンテーニュの『レーモン＝ド＝スボンドの弁護』を読んだ。そして、これらのいずれもがパスカルに人間について考えさせたのであった。

エピクテートスは、人間は神の秩序に一致するならば偉大であり、したがって、人間は神の意志を認め、それを遵奉《じゅんぽう》することがその義務であることを教えていた。また、よろこんで神に服従し、そのことによって節度のない欲望やいやしい考えを克服しなければいけないことを、さらに、常に死や不幸に対して覚悟をしていなければならないことを、エピクテートスは教えていたのである。しかし、エピクテートスは人間の悲惨《ひさん》をみていず、人間はどのようなことでもなすことができるという傲慢《ごうまん》におちいっていたのである。

他方、モンテーニュは、人間は自分自身にとらわれて事物の根底を把握することができないし、また人間はそのにぎりこぶし以上に大きく物をつかむことも、その腕より以上に大きく抱くこともできないということを、パスカルに教えていたのである。さらに、モンテーニュは、もしも神がその手をかさなければ、人間は自己を高めることはできないということも教えていたのである。このようにモンテーニュは、人間の無力さを知り、人間の知識の不確実さや懐疑にとりつかれていたが、人間の義務については教えるところがなかった。

また、パスカルはモンテーニュの弟子のシャロンを読んだ。シャロンは、われわれは真理が住んでいる神の精神の中で、真理を把握するための手段をもっていないし、また、われわれは真理を知ることを放棄し、われわれの不完全な本性にふさわしい生活の中に智恵を探さなければならないと教えていた。

このような哲学者の読書がパスカルに、その人間的なものの原理の探究に糸口を与えてくれたのであった。そして、パスカルは人間の義務と無力さとについて考えたのである。これは、後でみる『ド＝サシとの対話』となって現われて来るのである。さらに、パスカルは実際の社交生活の中にあって、ますます人間的世界に鋭いメスを入れるのである。

父の死

一六五一年九月二四日、エティエンヌ＝パスカルは他界した。この父の死は、パスカルにはげしい、深刻な苦しみを与えたのであった。また、それは同時にパスカルの心を一層深く宗教へと向けさせ、信仰に慰めを求めさせるようにした。一六五一年一〇月一七日、パスカルはペリエ夫妻に手紙を書いて、その中でみずからの死についての考えを述べている。

パスカルは、死を異教徒たちのように単なる偶然または自然の避けることのできないものとは考えなかった。死をそのように考えたならば、死は慰めを得ることのできないものとなってしまうであろう。なるほどわれわれは慰めを求める。そして、それを悪を善に転じることによって求めようとするのである。しかし、本当の心からの慰めは真理から来るのでなければ一体どこから来るのであろうか。それゆえ、悟性によっていったい死とはなんであるかを知り、それに従ってわれわれの判断と行為の中で実際にそれを処理することがたいせつなのである。

異教徒たちのように死を自然的なことと考えれば、死は必然的に悪となるであろう。なぜならば、そのように考えれば死は実際にあらわれるとおりにあるものに、すなわち、腐敗とほろびにすぎないものになってしまうからである。したがって、そのような死には希望の余地は少しもなくなってしまうであろう。しかし、聖霊がわれわれに教えた真理によれば、死は一つの償いであり、われわれを現世的な欲望から救う手段なのである。われわれはこのように死を考えなければならない。われわれはイエス＝キリストにおいて死を考えなければならないのである。その時、われわれは、われわれの一生、特にキリスト者の一生は死がその達成であり、完成である不断の犠牲であるということを理解するであろう。そうすれば、われわれは希望ないもののように死の中に悪臭を発する死屍《しかばね》をもはやみないで、むしろ聖霊のおかすべからざる永遠な聖堂をみるであろう。霊魂は死によって生命を与えられ、また至高なる生命に結ばれるものなのである。われわれは、われわれの苦しみがどんなに大きくとも、もし神に導きをゆだねるならば、神はわれわれの苦しみから、われわれの喜びの源泉をひきだすであろうということを、われわれは望まねばならないのである。

また、われわれが死の本能的な恐怖から自由になるためには、われわれは死の起源を十分に理解しなければならない。真のキリスト教によるならば、われわれの生命への実際の愛は永遠なる生命にむかう傾向のあらわれである。それは、神がわれわれの中に植えつけたものである。罪を犯した結果、神がわれわれの魂から身をひかれたので、神がそこに残した無限の空虚はわれわれの自我と現在の事物によってみたされて来たのである。それ以来、われわれの愛はなにに向かったらよいのかわからないので、これらを対象とするようになったのである。われわれの体験する死の恐怖はこの乱れた愛に由来しているのである。死はこのようにして、結局、その目標をそらされ、肉体の死にあやまって適用された、魂の死の根源的な恐怖なのである。われわれは肉体的な死よりも精神的な死を恐れるのでなければならない。われわれが精神的な死を恐れるようになればなるほど、肉体的な死はそれほどおそろしいものとはならなくなるであろう。

しかし、そのことは愛するものの死に、自然の苦痛なしに直面することができるようになれるといっているのではない。われわれにはそのようなことはできないし、またそのようにもなれないのである。なぜならば、われわれの自然の感じを、われわれから解き放す恩寵の働きは必然的にわれわれの現世的な欲望の方向と衝突するからである。そして、現世的な欲望が痛ましく傷つくということが恩寵の進行の尺度なのである。だから、われわれは父の死を泣こう。そして、このことは正しいであろう。われわれは慰められよう。このことも正しいであろう。そして、恩寵の慰めが自然の感情に打ち勝つことを願おう。このように、パスカルはその父の死に際し、キリスト教によって死というものの意義を見いだし、また同時により深い宗教的な敬虔《けいけん》の念を持ち始めている。

また、パスカルは死者に対する態度を次のように述べている。

わたくしは死者に対するもっとも堅固で有益な慈善となるものは、もしもかれらがこの世に生きているとしたら、われわれに命じるであろうことをなすことであり、かれらがわれわれに与えた聖なる勧告を実行することであり、またかれらがわれわれに今あるように望む状態にわれわれをおくということであるということを、わたくしはある聖なる人から教わった。このようなことを実行することによって、われわれはいわばかれらをわれわれの中に復活させるのである。なぜならば、われわれの中でなお生きそして働いているのはかれらの勧告だからである。

かたくその父と結ばれていたパスカルはこのようにしてその亡き父を絶えず心の中に生かしておこうと考えたのであった。しかし、パスカルは父の死の悲しみをこの世俗の営みの中でも癒《い》やそうとしたのである。パスカルの社交生活はこのような事情のもとで拡大されて行った。

ジャクリーヌのポール-ロワイヤル入り

エティエンヌ＝パスカルの死はジャクリーヌのポール-ロワイヤル入りに決定的な機会を与えた。しかし、パスカルはジャクリーヌに自分のもとから離れられたくなかった。そこで、少なくともあと一年だけ修道院入りを延期してほしいとパスカルはジャクリーヌに申し出た。ジャクリーヌはそれには沈黙を守った。というのも、パスカルをそれ以上に悲しませたくなかったからであった。しかし、ジャクリーヌの決意は堅く、財産の相続問題が片付けばすぐにでも修道院に入ろうとひそかに決めていた。当時、パスカルは社交生活のため金をかなり必要としていた。だからパスカルはジャクリーヌといっしょに暮らして二人の財産を一つにしようと提案したのであった。しかし、ジャクリーヌは自分の財産をポール-ロワイヤルに持参金として持って行きたいと思っていた。したがって、ジャクリーヌはその提案をすぐに拒絶したのであった。そして財産分与については、自分の分をパスカルに譲り、その代わりに彼女は年金を受けるということを決めたのであった。財産分与は一六五一年一二月三一日に署名され、ジャクリーヌは翌年の一六五二年一月四日にポール-ロワイヤルに入ることに決心したのである。その時ジャクリーヌは二六歳と四か月であった。その前夜、彼女はパスカルに決心を打ち明けた。それを聞いて悲しみにくれ

ジャクリーヌ＝パスカル

たパスカルは自室に閉じこもってしまった。翌朝、ジャクリーヌはだれにも別れの挨拶をしないで家を去ったのであった。

こうしてポール－ロワイヤルに入ったジャクリーヌは一六五二年三月七日パスカルに手紙を書いて、正式の修道女として法服をつける式に、いやかも知れないがぜひ出席して欲しいと懇願した。パスカルはジャクリーヌにあと二年待ってくれるように要求したが、ジャクリーヌは考えを変えなかった。そこで、パスカルはあと六か月待ってくれるように頼んだが、ジャクリーヌの堅い意志やアンジェリック修道女の弟、ダンディ氏の口添えに屈してとうとうパスカルは、一六五二年五月二六日の着衣式に出席することに同意したのである。

ジャクリーヌは着衣式が終わると今度は、父の遺産のうち、彼女に属する分をポール－ロワイヤルの持参金にしたいと申し出た。当時においては、修道女が財産を所有することは法律で禁じられていたが、ただ年金を受けることと修道院に入る際に持参金を持って行くことだけが認められていたのである。ジャクリーヌのこのような申し出に、パスカルもペリエ夫人も立腹したのであった。そして、ジャクリーヌを自分たちの財産を奪って何も関係のない人々を利そうとしているといって、二人は非難したのであった。

しかし、ジャクリーヌは、持参金なしにポール－ロワイヤルに入れてもらうことには、その自尊心が許さずどうしても耐えられなかった。このジャクリーヌの苦悩にはいろいろな人から同情が寄せられた。しかし、アンジェリックは、ジャクリーヌに対していつまでも家族に執着することを許さなかった。また、「この事件にもっとも利害関係をもっている人（パスカル）はあまりにも社交界に入りすぎてい、したがってあまりにも虚しいことや娯楽に入りすぎているので、あなたがしたいと思っている施物《ほどこしもの》に理解をもつことができないのである。それは奇蹟以外にはなされることができない。しかもその奇蹟は恩寵の奇蹟ではなく、自然と愛情の奇蹟なのである。」とジャクリーヌにいったのである。

この奇蹟はほどなく起こった。ある日、パスカルはジャクリーヌに面会に行った。その時、パスカルはジャクリーヌが心の中では持参金のことで非常に悲しんでいるのに、自分に対しては、楽しそうに、また快活そうに振舞おうと努力しているのに気づいて、いたく心を打たれたのであった。心の奥底ではほんとうに妹を愛していたパスカルはそのジャクリーヌの態度に心を動かされたのであった。そしていっさいの財産上の負担を引き受けてこの事件を円満に解決しようと決心した。しかし、今度は修道女たちがパスカルの決心を容易に受け入れようとはしなかった。彼女たちは、パスカルが神の精神にのっとって施しをすることを要求したのである。アンジェリックは次のようにいっている。

「われわれは故サン＝シラン氏から神の家のためには、神から来たもの以外にはなにも受け取ってはならないということを教わりました。慈悲以外の動機によってなされたすべてのことは神の精神の結果ではありません。したがって、われわれはそれを受け取ってはならないのです。」

パスカルが神の精神で施《ほどこ》しをしているのだということがアンジェリックによって認められた時、はじめてこの事件は解決した。ジャクリーヌは、こうして一六五三年六月五日に誓願式を行なったのである。父親の遺産を自分に納得できない理由のために他人に渡すことをパスカルはきわめて不都合なことと考えていたのであったが、それは妹ジャクリーヌへの強い愛情によって敢行されたのであった。

数学上の業績

パスカルは社交生活の間まったく科学上の研究をやめていたわけではなかった。もちろん、パスカルはその社交生活において快楽を追求した。しかし、すでに述べたように完全に快楽におぼれるということはなかった。第一、パスカルの財産は他の貴族に比べればはるかに貧弱であった。したがって、他の貴族たちのようなはなやかな生活は不可能であった。さらに、パスカルはその持前の性格から不法なことができなかった。むしろ、社交生活にあっても秩序を愛することを忘れなかった。パスカルは遊びながらも、たとえば、偶然と蓋然《がいぜん》性についての数学的な観察に専心していた。ライプニッツは「パスカルは偉大な遊び人であったので、賭《かけ》の推算をはじめて行なったのである。」といっている。賭についての研究はメレが提出した問題が機縁となって本格的となったのであるが、パスカルは当時トゥールーズに住んでいたフェルマと確率論に関して文通をしている。そして二人はかならずも同一の問題を異なった方法で扱い、しかも同じ結果に到達したのである。そしてパスカルはフェルマに「真理がパリにおいてもトゥールーズにおいても同じである。」といっているのである。

　パスカルとフェルマの文通は一六五四年七月二九日のパスカルの手紙から始まっているが、それらは全部は残っていない。この最初の手紙の中では賭金の分配の問題が扱かわれている。それは「同じ腕前の二人の人がそれぞれ一定の賭金を出して勝負をして、最初にn点を得たものを勝とする。この時、途中で一方がa点をとり、また他方がb点をとってから勝負をやめれば、この両者の間で賭金をどのように分配すれば公平であるか。」という問題である。この問題に対してパスカルは例をあげて解答を試みているが、これは「算術三角形論」において一般的に解決されているものである。

　さて、ここで「算術三角形」（パスカルの三角形ともいわれる）を図示すれば次の通りである。

1 1
1 2 1
1 3 3 1
1 4 6 4 1
1 5 10 10 5 1
1 6 15 20 15 6 1
・・・・・・・
・・・・・・・・
・・・・・・・・・

右のような数字から成り立っている算術三角形の基本となる数は「1」であり、各数はそのすぐ上の数とその数のすぐ左の数とを加えてできたものである。この図はいろいろなことに使用することができるが、以下シュヴァリエに従ってそれを示すと次のようになる。

(1)　縦の第一列にはただの数1があり、第二列には上から順に1を加えることによって作られる自然数があり、第三列には三角数（いくつかの同じ大きさの円を三角形に並べるときのその円の数を示す）が、また第四列にはピラミッド数（丸い同じ大きさの玉をピラミッド型に積みあげるときのその玉の数を示す）があるなどである。

以上のような構成をなしているこの算術三角形は二項係数を書き並べたもので、この算術三角形の底をみて行けば、二項式を展開したときの係数が得られるのである。それは上から一二一、一三三一、一四六四一というようにである。

(2)　またこの算術三角形は組み合わせの計算にも役立つ。そして、それは本来の組み合わせであっても、二つのものを繰り返してとることによる配列にも役立つのである。

本来の組み合わせの実例は次の通りである。すなわち、四つの物ＡＢＣＤについてその組み合わせの数は一五である。

(a)　一つずつとる時（ＡＢＣＤ）は四

(b)　二つずつとる時（AB、AC、AD、BC、BD、CD）は六
(c)　三つずつとる時は（ABC、ABD、ACD、BCD）の四
(d)　四つずつとる時は（ABCD）で一

以上の一五であるが、算術三角形の第四番目の線がこれを示しているのである。

次に後者の例、すなわち、二つの物を繰り返してとることによる場合である。たとえば、貨幣を投げてその表がでるか裏がでるかを試みるとする。

一回お金を投げるときには、裏（P）か表（F）かのいずれかであり、一と一でその組み合わせは二である。

二回のときは、両方でPP、PF、FP、FFとなり、一と二と一で組み合わせの数は計四である。

三回のときは、PPP、PPF、PFP、FPP、PFF、FPF、FFP、FFFで、一、三、三、一となり計八つの組み合わせ数となる。以下同様に行なわれる。

算術三角形の図において偶数行の中にPとFのひとしくもつ組み合わせに対応する一つの数がある。また、奇数行には、中央にPかFかが一度だけ他の一方より余計にあらわれる場合に対応する二つの相等しい数がある。

(3)　以上からただちに確率論と分配の規則への適用がひきだされる。その鍵は組み合わせの分析である。

非常に簡単な場合をとってみよう。これによってもいかにして算術三角形がわれわれにn回投げるとm回

裏を出す確率を知らせてくれるかがわかるであろう。

たとえば三回の時であるが、三回とも裏をだす確率は八分の一である。二度裏をだす確率は八分の三である。このようにして、われわれは賭の利益についてのあらゆる問題を解くことができるのである。しかし、投げる回数が多くなると計算は困難になる。今日ではもっと簡略化された方法を使っている。しかし、これらの方法によって得られる結果はパスカルの算術三角形のものと同じであり、新しい原理によるものではない。

このようにパスカルが組み合わせについていろいろ考え、算術三角形を完成したのは、社交生活で経験した賭を機縁としてである。しかし、算術三角形はパスカルが最初の発明者ではなく、一五四三年にはシュティッフェルがすでにそれに似たものを発明しているのであるが、その応用においては、パスカルの独創がみられるのである。

一六五三年から一六五四年にかけてパスカルはいくつかの重要な数学上の研究を達成しているが、この業績は、後にドレエグが指摘したようにニュートンの二項定理の証明のすべての要素を含むものであったし、「算術三角形論」に続いて出た「数冪《べき》の和について」は微分法の要素も含まれているのである。

病苦の克服

すでに述べたように、パスカルは幼い頃から病弱であった。病による苦痛は一六四七年にはきわめてひどく、常にたえがたいほどの頭痛と腹痛とをともない、また下半身はほとんど麻《ま》痺《ひ》していた。しかし、このような病苦はパスカルにとって一つの試練であった。また、パスカルにとって病にたえ、そしてそれを善に転用することが問題であった。『病の善用を神に求めるための祈り』が書かれたのはこの頃であったであろう。パスカルはこの中で次のようなことを述べているのである。

主よ、あなたの御心はすべてのことに寛大で優《やさ》しい。あなたは、わたくしがあなたにつかえるためにわたくしに健康を与えて下さった。それなのにわたくしはそれをまったく世俗的なものに使ってしまった。あなたは、今やわたくしを矯正《きょうせい》しようとわたくしに病を送り給うた。わたくしの不忍耐によってあなたを怒らせるために、わたくしが病を使用することをお許し下さるな。心の弱さによって、またあなたへの愛に熱中することによってわたくしをしてこの世のことを楽しめないようにして下さい。ただあなただけを楽しむために。

何ものもあなた以外には愛に値しない。なぜならば何ものもあなたより、永続しないからなのである。おお神よ、わたくしの生涯の導きの上であなたの賞賛すべきあなたの摂理《せつり》の秩序をわたくしに沈黙のうちに賛《たた》えさせ給え。あなたが与えて下さったわざわいがわたくしを慰めることをお許し下さい。しかし、神よ、わたくしは知っている、わたくしの心がいかにかたくなであるかを。さまざまなおもい、気づかい、不安および世俗への執着《しゅうちゃく》で一杯であることを。また病も、健康も、談話も、書物も、あなたの聖書も、あなたの福音も、施物も、断食も、奇蹟も、秘蹟のならわしも、あなたの肉体の犠牲も、すべてのわたくしの努力も、また全世界の努力も、もしもあなたがあなたの恩寵《おんちょう》の特別な助けをこれらすべてのものに伴わせて下さらないならば、わたくしの回心を始めることができないということをわたくしは知っている。

このゆえに、おお神よ、わたくしはあなたを呼び求めている。主よ、わたくしが呼び求めるものがあなたでないならば、わたくしはだれに叫び、まただれに救いを求めるであろうか。

神以外のすべてはわたくしの期待をみたすことはできない。わたくしが求め、そして探すのは神なのである。主よ、わたくしの心を開いて下さい。

おお神よ、あなたがわたくしに与えたよき行ないを成就し給え。あなたがその初めであるようにその終わりであらせ給え。

あなたはおっしゃっている。幸いなるかな悲しいもの、不幸なるかな慰められるものと。

主よ、わたくしの苦痛を愛し給え。

わたくしがキリスト者として苦しむために、わたくしの苦痛にあなたの慰めを結びつけ給え。そして、わたくしは病であるので、わたくしはわたくしの苦痛の中であなたを崇《あが》めるのです。

あなたをわたくしに結びつけ給え。

あなたにみたされているので、生き、そして苦しんでいるのはもはやわたくしではない。

おお救い主よ。あなたがわたくしの中にあって生き苦しんでいる。このようにしてわたくしはあなたの苦痛の小部分であるので、あなたが苦痛によって得た栄光で完全にあなたは私をみたして下さる。

パスカルは、こうしてみずからの病の苦しみをたえ忍ぶことによってキリストを見いだしているのである。というのも、パスカルはイエス＝キリストがわれわれに代わって十字架にかけられてから、苦痛は神と人間とを結びつける唯一のものと考えているからなのである。また、この苦痛なしには神は人間に訪れることはないと考えているからなのである。ペリエ夫人の『パスカル伝』によれば、パスカルは「わたくしをあわれむな。病はキリスト者の自然の状態なのであるから。」といっているのである。

決定的回心

神を知ることから神を愛するということまでは何と遠く離れていることか。（パンセ　二八）

世俗の虚しさ

一六五三年の末頃から、パスカルは自分の心の虚《むな》しさを切実に感じ始めていた。この時、パスカルは三〇歳であった。パスカルは自分の仕事や社交界でのよろこびが、本当に自分自身に、また同時に人間にふさわしいものであるかどうか疑い始めていた。すなわち、パスカルは現在の自分と本来あるべき姿の自分との間に非常に大きい不均衡を感じていたのである。

人間的な事物は果たして偉大なのであろうか。パスカルはそれを証明することのできる何ものも見いだすことができなかった。パスカルにとって、それらは価値のないもののように思えてならなかった。一体、われわれの快楽、仕事、学問、またわれわれの栄光とは何であろうか。パスカルにとって、それらは必然的に有限なものであり、暗黒と悲惨をまじえているもののように思えてならなかった。もっとも完全なものを考えるとき、もっとも多く不完全であるものと、もっとも少なく不完全なものとの間の差は五十歩百歩であろう。

したがって、人間的なすべてのものは多少の差はあれ等しく偉大なものではなく、価値のないものではないだろうか。また、人間的な状態がいかにすぐれているものであっても、死というものはそれの宿命的な終結であろう。限りある終わらなければならないものは決して偉大であることはできないであろう。

このように考えれば人間とは何と惨《みじ》めな存在であろうか。それはみずから満足することのできないものでもある。パスカルがこう考え始めた時、パスカルはその心の内部ですでに変化していたのであった。パスカルは「罪人の回心について」の中で次のようにいっているのである。

魂は事物や自分自身をまったく新しい方法で考察する。この新しい光は魂に恐怖を与え、それのよろこびであった事物の中で、魂が発見していた休息をくつがえす混乱をもたらすのである。その時魂はみずからを魅惑《みわく》していた事物を平穏に味わうことがもはやできなくなる。絶えず続く良心の疑懼《ぎく》がこの享楽の中で魂と戦う。そして、この内的な考察は、耽溺《たんでき》していた事物の間の甘さをもはや見いださせない。しかし、魂は世俗の虚《むな》しさにおいてよりも、信仰の業に一層苦しさを見いだす。一方において眼に見える対象が今あるということは、眼に見えないものの期待よりも多く魂に触れるものである。しかし、他方において、眼に見えないものの堅固さは眼に見えるものの虚しさよりも多く魂に触れる。このようにして、眼に見えるものの現存と眼に見えないものの堅固さとは魂の愛を争う。また、眼に見えるものの虚しさと眼に見えないものの不在とは魂の嫌悪をそそる。こうして魂の中には無秩序と混乱とが生じるのである。

パスカルはこのような魂の混乱を経験することによって非常な謙虚さをもつようになった。われわれの魂は、その謙虚さによって普通の人より以上に高められるのであり、またそれは自分の内にでも、外にでも、また、前にでもなく、自分の上にあるものの中に最高なる善を求めようとするのである。そして、その高まりは神の座にいたるまでやまないのであり、魂はそこで、その安息を見いだし始めるのである。最高の善を求めるという不安ではあるが、しかし最後には安息を得ることができるような探求においては、魂は少しずつ世俗的ないっさいのことからみずからをたちきって行くのである。そして、魂はその目的から離れるようなことがあっても、すぐに、もとにもどるのである。こうして魂は人間的なものから離れて神にだけつながれるようにうながされるのである。

パスカルは社交生活にあって世俗的なものがみたすことのできないものに目覚まされたのであった。それは、パスカルに世俗に対する軽蔑と世俗にあるすべての人に対するほとんど耐えることのできない嫌悪とを感じさせたのであった。

心　情　一六五四年九月末のある日、パスカルはポール－ロワイヤルにジャクリーヌに面会に行った。そして、あわれみを催させるような態度で、パスカルはジャクリーヌに自分の胸中を打ち明け、次のようにいっている。

「わたくしは一年以上も前から社交界に嫌悪を感じている。また、そこに入っていることに絶えず良心の苛責《かしゃく》を感じてならない。だから、こうしたものからはいっさい離れたいと思う。しかし、わたくしは神の側からはまったく見棄てられている。したがって、神の方からのわたくしをひきつけようとする力は何も感じていない。しかし、わたくしは全力をつくして神のもとへ行こうとしている。今、わたくしが最もよく知っているものにわたくしをかりたてるものは、神の霊の働きではなく、むしろ、わたくしの理性とわたくしの固有な精神なのである。」

ながいこと一人で悩んでいたパスカルは、かれが愛していたジャクリーヌにこのように告白をして彼女を驚かせたのであった。

しかし、パスカルには、神を真に信じることはまだできなかった。たしかに、理性はパスカルに神を信じることを命じていた。それなのにパスカルの心の中には、まだ信仰をこばむ気持ちがあったのである。理性や悟性による信仰は真の信仰ではないであろう。したがって、パスカルにおいて変えなければならなかったものは心情であった。パスカルにおいては、この心情はきわめて重要なものである。


われわれは真理を理性によってのみならず、心情によっても認識する。われわれが第一原理を知るのはこの心情によってなのである。そして、それに何ら貢献をもたない理性が第一原理を反駁《はんばく》しても無駄《むだ》なことである。ピュロンの徒は第一原理を反論することしか目的としていないのであるが、そのことにおいて無益なことをしているのである。われわれはわれわれが夢をみているのではないということを知っている。

われわれは理性によってそれを証明することが不可能なのであるが、その不可能はわれわれの理性の弱さ以外の何ものをもひきださないのである。そして、ピュロンの徒がいうように、それはわれわれのすべての認識の不確実さを引きだしているのではないのである。なぜならば、第一原理の認識、それは空間、時間、運動、数が存在するというようなことであるが、それはわれわれの推理がわれわれに与えるいかなるものよりも確かであるからなのである。そして、理性が支えられ、また、そこで理性がいっさいのその論をたてねばならないのは心情と本能の認識の上でなのである（心情は空間には三つの次元があるということを、また、数は無限であるということを直観するのである。そして、理性が次に、一方が他方の二倍であるような二つの平方数がないということを証明するのである。原理は直観され、命題は推論されるのである。異なった方法によってではあるが、いっさいは確実になるのである）。そして、理性が、第一原理を認めたいと欲するために、第一原理の証明を心情に要求するのは無益であり、また馬鹿《ばか》げている。また、心情が第一原理を受け入れたいと欲するために、理性に、理性が証明するいっさいの命題について直観を要求することも、無益で馬鹿げている。

この無能は、それゆえに、いっさいを判断しようと欲する理性をへりくだらせることだけに役立てねばならず、あたかもわれわれを教えることができるのは理性だけであるかのように、われわれの確実性を反駁することに役立てるべきではない。反対に、われわれが決して理性を要求しないということが、また、われわれが本能や直観によっていっさいのものを認識するということが望ましいのである。しかし、自然はこのようなことをこばんだのである。反対に自然はこの種の認識については、ほんのわずかしか与えてくれなかったのである。それ以外のいっさいは推論によってしか得ることができないのである。神が心情の直観によって宗教を与えた人が幸福であり、それは、まったく正当に納得させられた人であるということは、以上のような理由からなのである。しかし、宗教をもたない人々には、神が心情の直観によって宗教を与えるまではわれわれは推論によってしかそれをかれらに与えることができないのである。この心情の直観なしには、信仰は人間的なものでしかなく、救いのためには無益なのである。(パンセ　二八二)

このようにパスカルにおいては心情は理性の根源にあり、しかもそれを超えているものなのである。それは、また同時に、感情の根源でもあり、それを超えているものなのである。そして、心情にあっては、認識と感情とは互いにたすけあっているのである。しかも、この心情は「生来、普遍的存在を愛するもの」(パンセ　二七七)なのである。

では、信仰を理性による信仰にではなく、心情による信仰にするにはどのようにしたらよいであろうか。

われわれは精神であると同時に自動機械である。そして、納得の手段は証明だけではないということになるのである。何と証明される事物の少ないことか。証明は精神しか納得させないのである。習性はわれわれにとって、もっとも有力な、また、もっとも信じられる証拠をなすのである。……習性こそが多く

のキリスト教徒をつくったのである。(パンセ　二五二)

すなわち、われわれは、あたかも信じるかのように聖水をとり、ミサを聞き、お祈りの言葉をとなえることを習性とすることが必要なのである。というのもこのような行為は、それが繰り返されることによって、われわれの心の中に、その行為があらわしている信仰をひきおこすであろうからなのである。

しかし、パスカルは、このようにしてかれがなすいっさいの信仰への努力がまったく虚しいのではないかと懸念《けねん》していた。すなわち、もし、神の方から働きかけないならば、回心は真になされないのではないかと考えていたからである。もちろん、有限であり、しかも堕落した被造物は、無限であり、聖なる神が自分の方へ働きかけることをうながすようなことは考えてみることさえもできないであろう。しかし、パスカルは、ただ、みずからにおいてできることは、まず快楽から離れ、祈ることであるということしか知っていなかったのである。

サングランの説教　パスカルはこのようにして信仰へと努力していた。かれは、たびたび、ポール－ロワイヤルにジャクリーヌを訪ねたが、そのたびごとに成長していた。ジャクリーヌは、ただパスカルの話を聞き、その意見に従うだけで、あえてパスカルが信仰の道に歩むように説得はしなかったのである。しかし、パスカルは、それにもかかわらず非常に謙虚な気持ちになっていたし、従順にもなっていた。また、自尊の念がなくなり、さらに、人から尊敬されることをつまらないことと思うようにもなっていた。パスカルがこのような状態になるまでは非常に苦痛の連続であった。しかし、その苦痛は自暴自棄と無力のそれではなく、生き生きとし、豊かな苦痛であった。そして、パスカルの苦痛がこのようなものであったということは、かれを神からひきはなす、心の中の抵抗する本性によるものであった。しかも、パスカルはかれの本性が抵抗するのは、それが神の恩寵によって挑《いど》まれているからと考えたのであった。かれが苦痛を感じたのは、恩寵の方がずっと強かったからなのであった。したがって、パスカルは、信仰の進歩を苦痛の度合いで測ったのである。そして、この苦痛は徐々にほとんど喜びになり、しかもそこには慰めさえも感じられるようになっていったのである。

パリのポール－ロワイヤル

　このようにしてパスカルは神を愛し始めていた。しかし、まだパスカルは完全に世を棄てる決心をつけかねていた。それをパスカルは多くの口実にかこつけていた。その一つに健康上の問題があった。事実、その頃、パスカルの健康状態は非常に悪く、それが信仰生活のきびしさにほとんど耐えられないようにしていた。さらに、指導司祭が必要であったのに、いざ選ぶという時になると、パスカルはいろいろむずかしいことをいうのであった。このようなことはまだパスカルの自負心が強いことを物語っていた。したがって、パスカルは完全に神のものとはなっていなかったのである。

一六五四年一一月二一日の聖母奉献日のこと、パスカルはポール－ロワイヤルにジャクリーヌを訪れていた。二人は話の途中、説教を告げる鐘の鳴るのを聞いた。ジャクリーヌは説教を聞きにパスカルの許を去って行った。パスカルもその後に続いた。かれが教会に入るとすでに説教者は壇上にたっていた。それはサングランであった。説教は世俗の人がなすように行き当たりばったりに習慣や習俗から、すなわち、まったく人間的なならわしから職業や結婚に入らないことがどんなに重要であるかを中心になされていた。そして、サングランは、こうした生活に入る前に神の心を聞くことがいかにたいせつであるかを、また、そのような生活において、何も障害なしに救われるかどうかをいかによく吟味せねばならないかも述べていた。このような言葉を聞いて、パスカルは、それが自分の場合と非常に密接な関係があることに驚いた。それは、あたかもパスカルのためにいわれているようにかれには思えたのであった。サングランは激しい口調で確固として述べていた。それがパスカルを余計感動させたのであった。これを聞いてからは、パスカルにとっては、次のようなことが問題となった。キリスト教生活の理想はこの世俗に若干の執着を残しておくことによって満たすことができるであろうか。また神が要求するものは、文字どおりパスカルの全力、全思考、全存在ではなかったろうか。一体このような犠牲というものは可能であろうか。まったく完全に自分自身を放棄してしまうことは想像もできないような、また矛盾に満ちたことではないであろうか。パスカルはこう考えながら神を求めた。「神よ、あなたの下僕《しもべ》をお探し下さい。」とパスカルは繰り返し、熱烈に神を求めたのであった。神が近くにいないなどとはかれには考えられなかったのである。しかも、パスカルは、みずからのこのような努力は神そのものによってのみ起こされたものと考えていたのであった。

火

一六五四年十一月二三日、パスカルは一種の法悦状態を体験した。そして、その中でパスカルは神が目前に存在するのを見、神を感じたのであった。かれはこの法悦の体験を一枚の紙に書きとめた。そして、それをさらに一巻の羊皮紙に念入りに写したのである。その二枚ともパスカルの死後数日たってから、その衣服の裏に縫いつけられてあったのを発見した。これが有名な『覚書』である。これには、その最初のところに十字の印があって次に日付がある。

十
キリスト紀元一六五四年

月曜日、一一月二三日、教王殉教者《じゅんきょう》聖クレメンスの祝日、また、ローマ殉教者祝日表にある多くの人々の祝日

殉教者聖クリソゴオヌスと他の人々の徹夜式の日
夜の一〇時半頃から一二時半頃まで

火

「アブラハムの神、イザクの神、ヤコブの神」

哲学者や学者の神に非ず。

確信、確信、感情、歓喜、平和。

イエス＝キリストの神。

「わたくしの神、また汝の神」

汝の神はわたくしの神であろう。

神を除いて世の中および他のすべての忘却。

神は福音書によって教えられた方法によってのみ見出《みいだ》される。

人間の魂の偉大さ。

義なる父よ。世は汝を少しも知らない。だがわたくしは汝を知った。

歓喜、歓喜、歓喜、歓喜の涙。

わたくしは汝から離れていた。

「かれらは泉であるわたくしをすてた」

わたくしの神よ、汝はわたくしから去るのであるか。

わたくしが永遠に汝から離れざらんことを。

永遠なる生命は、かれらが汝、唯一なる真なる神と、汝がつかわしたまいしイエス＝キリストを知るにあり。

イエス＝キリスト
イエス＝キリスト
わたくしはかれから離れていた。

わたくしはかれをさけ、かれを棄て、かれを十字架にかけた。

願わくは、わたくしが決してかれから離れないことを。

かれは福音書の中で教えられた道によってしか保たれない。

完全なる楽しい放棄。

イエス＝キリストとわたくしの指導者への完全なる服従。

地上の一日の試練に対して永遠なる歓喜。

汝のみ教えをわたくしは忘れないであろう。アーメン。


以上のように、パスカルは一六五四年一一月二三日夜、超自然的な「火」によって照らされたような状態になったのである。そして、それによってパスカルは真の神を見いだしたのである。それは哲学者や学者たちの神ではなく、人格的であり、旧約および新約の神なのであった。パスカルはその神の存在を直観的に確信したのであった。われわれはイエス＝キリストを通じてしか神を知ることはできないのである。しかも、福音書なしには何も知ることはできないのである。パスカルは、こうして神を知った時、みずからをへだてていた深淵の深さを、すなわち、いかに自分がキリストから離れていたかを知ったのであった。また、同時に、神と共にあるということは何と安心を与えることかということもパスカルは知ったのであった。そして、もう神がパスカルを見棄てないで、永遠に離れないことを願うのである。その時、パスカルは神にすべてを捧げることを誓うのである。というのも、神への完全なる服従によってのみ神はみずからの中に生きることを知ったからなのである。この喜びは永遠に続けられなければならない。なぜならば、この持続においてこそ超自然的な生命は願われるとパスカルは考えたからなのである。したがってパスカルは、きわめて短い瞬間の間に分け与えられた恩寵を決して失わないように、それを注意して守ろうと決心したのであった。こうして、パスカルの決定的な回心はなされ、また、それによってかれはその根源から浄化されたのであった。しかし、自然的人間はその心の中にかたくなさをもっているものである。だから、その身体のあらゆる部分に、人を生まれ変えさせる洗礼の水を流しこむことがこれからの問題なのであるとパスカルは考えたのであった。そして、キリスト教の生活の理想を行為や欲望や習慣の中に十分に実現させることが問題となったのである。パスカルはこのことに専念しようとした。このためにパスカルは指導者の必要を感じていた。パスカルは最初はジャクリーヌの指導を、次いでサングランの指導を受けた。そして、パスカルは、やがて、パリにいてはロアネス公などとの交際によって神への道がさまたげられる恐れがあると考えるようになった。こうして、パスカルは一六五五年一月、一時、ポール－ロワイヤル－デーシャンに入ったのである。それはパスカルが三二歳の時であった。

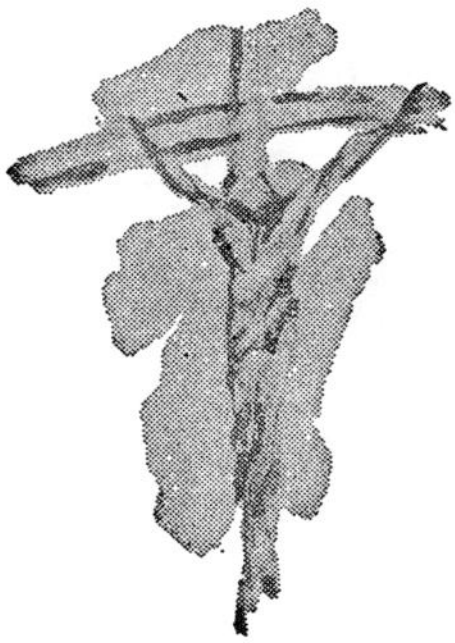

なぜならば、その魂が熱望しているのは神への熱望であるので、それは神自身から来る方法によってしか、それに到達することを熱望していないのである。というのも、その魂は神がそれ自身その魂の道であり、対象であり、またその究極の目的であることを欲するからなのである。（罪人の回心について）

ポール－ロワイヤル

ポール・ロワイヤルのパスカル

すでに述べたように、ポール－ロワイヤルは一二〇四年に建てられた女子の修道院であるが、一六四三年にはサン＝シランの後を継いで、サングランが指導者となり、さらに一六四九年一二月にはド＝サシが指導者となっていた。ポール－ロワイヤルはサン＝シランの時に、ポール－ロワイヤル－デ－シャンの中に数人のすぐれた男子を収容することになった。この中には、アントワーヌ＝アルノオ、弁護士のル＝メエトル、その兄弟のル＝メエトル＝ド＝サシ、ランスロ、ラ＝フォンテーヌ、アルノオ、ダンディ、ニコルなどがいた。この顔ぶれをみてもわかるように、その中には有名な学者やモラリストが多くいたのである。パスカルがこもったこのポール－ロワイヤル－デ－シャンはキリスト教道徳を

アントワーヌ＝アルノー

実践するための隠遁《いんとん》所であった。ここでパスカルは孤独とパスカルの心情が探し求めていた内的な敬虔《けいけん》の精神とを見いだしたのである。またパスカルは、ここで、うわべだけでも偉大さを示すようなものは自分からいっさい棄てさるように気をくばり、謙虚であろうとした。そして、自らの貧しさと弱小さとを神の前に告白したのであった。ポール－ロワイヤルの指導にはもちろん厳密に従っていた。

その当時のパスカルの生活をジャクリーヌはペリエ夫人に宛てた手紙の中で次のように伝えている。

かれ（パスカル）は非常な喜びをもって、自分は君主のような待遇を受けて住んでいると書いてまいりました。しかし、その君主と申しますのは聖ベルナールの意見に従えば君主であるということなのです。そこは人里離れた淋しいところです。そこでは、人はすべてにおいて乏しさを実行することを誇りとしております。慎しみ深さというものがそうさせているのでしょう。かれはすべての聖務に、早朝勤行から最終勤行まで全部出席しております。朝の五時に起きることに少しも不快を感じないそうです。

このようにパスカルは人間が変わったように神の道にはげんだ。しかも、かれは医師によって禁止されていたことをすべて無視して徹夜のほかに断食さえも行なったのであった。このようなことがパスカルにはかえって非常に有益であった。かれの健康状態は前よりむしろよくなったのであった。そして、激しい喜びをパスカルは感じていた。乏しさの生活も少しもかれには苦痛ではなかった。かれが使用するようにと与えられていた木製の匙《さじ》や土製の食器類は、もはやパスカルにとってはキリストの黄金であり、また宝石でさえあった。このような体験によってパスカルは、健康はヒポクラテスの医学よりもイエス＝キリストに依存していることを悟り、自己放棄はこの世にある時から、すでに幸福の源泉となっていることも悟ったのであった。

他方、ポール－ロワイヤル側も、パスカルが神の道に本格的に入るためにポール－ロワイヤルに加わったことを神に感謝していた。というものも、パスカルのような人物に敬虔《けいけん》の念を起こさせてくれたこと、それは神の偉大な恩寵による以外になかったと考えていたからであった。またそれは、同時に、ポール－ロワイヤルに対して神が特別なおぼしめしを給わったことにほかならないと考えたからでもあった。しかし、パスカルは真にポール－ロワイヤルに属しているとは考えていなかった。

パスカルはこのことを『プロヴァンシャル』の第一七の手紙の中で次のように述べている。

わたくしはあなたに、それに属していないと申し上げることだけにしておきます。また、わたくしは何回かわたくしが単独であると御返事申し上げただけでした。的確に申し上げれば、わたくしはポール－ロワイヤルに属しておりません。わたくしはローマ－カトリック教会にだけこの地上ではつながっております。その教会のうちにわたくしは生き、そして死にたいと存じます。また、法王との交わりにおいて生き、そして死にたいと存じます。このようなことを外にしてはわたくしは救われないということを十分確信しております。

このような確信がポール－ロワイヤルにありながら「ポール－ロワイヤルの人々と決していっしょに生活したことはない。」とまでパスカルをしていわせるのである。事実、パスカルは、しばしばパリに行きモンスという偽名で生活している。パスカルがポール－ロワイヤルに真に属さなかったのは、ポール－ロワイヤルがその理論としていたジャンセニスムの偏狭《へんきょう》さを避けたからなのであろう。

しかし、パスカルはポール－ロワイヤルの人々と神学の研究をしたり、新約聖書の翻訳に熱意を示したりしていた。とくに神学に関してはほとんど無知であったので、パスカルはポール－ロワイヤルの人から教えを受けなければならなかった。したがって、パスカルの神学上の考えはジャンセニスムの影響を強く受けている。パスカルがキリスト教信仰の摂理《せつり》の中で原罪に与えている極端な意義の重要性はそれに由来しているのであり、またパスカルがわれわれの本性の堕落に関して、原罪からひきだしている大げさな結果もジャンセニスムの影響によるのである。

ド＝サシとの パスカルの対話

すでに述べたように、ド＝サシはポール－ロワイヤルにおけるパスカルの指導者であった。ド＝サシはきわめて敬虔《けいけん》深く、また対話が非常に巧みであった。かれはサングランからパスカルが学問を軽視することを教えるようにいわれていた。また、ジャンセニスムにおいては特に哲学を嫌《きら》っていた。ド＝サシはある日パスカルが没頭していた哲学について質問をしたのである。これはあらかじめ準備されたもので講演の形式をとったものであった。後に、形を変えて『ド＝サシ氏とのエピクテートスとモンテーニュについてのパスカルの対話』(一六五五年)となったものがこれであった。

ド＝サシ

ド＝サシは哲学者を神にしか属していない権威を僭越にも自分のものとしてしまう者と考えていた。また、かれは聖書と聖アウグスティヌスだけあれば光明は十分であると確信していた。それほどジャンセニスムにとって聖書と聖アウグスティヌスは権威あるものであった。パスカルはこのような考えのド＝サシに少しもゆずるところはなかった。パスカルは彼にエピクテートスとモンテーニュをあげてその二人の精神を大いに賞賛した。

パスカルによれば、エピクテートスは人間の義務を非常によく認識していた哲学者の一人であった。かれは何よりもまず、その主要目的として神をみることを欲していた。また神が正義をもってすべてを支配するということを確信したいと欲していたし、さらに、心から神に服従したいとも、また、すべてにおいてすすんで神に従いたいとも欲していた。しかし、エピクテートスは人間の知恵によってしかそうしようとしなかったのである。すなわち、それを人間はみずからの力だけでできると信じていたのである。ここにエピクテートスの誤りがあるとパスカルは考えたのである。

他方、モンテーニュは、理性が信仰の光なしに命じるようになる道徳がどのようなものであるかを探求しようとしたが、その結論として、理性だけでは懐疑論にしか到達しないとしたのは正しいとパスカルは考えたのであった。しかし、モンテーニュが人間のなすべきこともしないで、みずからできることだけすればよいとしたのは誤っているとパスカルは考えたのである。パスカルは、このようにエピクテートスとモンテーニュにおいて、それぞれの正しさと誤りとをみたのである（このことについては「社交生活」のところでも述べた）。

では、この二つの哲学からどのようにして真理をとりだすことができるであろうか。エピクテートスもモンテーニュも良い点をもっている。その良い点で二人を近づけ、相補えばよいであろうか。パスカルは、そのようなことはできないと考える。この二人の哲学者はそれぞれ自然的見地からみれば分解することのできない一つの全体である。人間は一つである。もしも人が、一人の人間の中にストアの義務と懐疑論の無力さとを共存させれば、この統一はくずれさるであろう。エピクテートスもモンテーニュもかれらがそれぞれ下した結論以外には結論することはできなかったのである。こうしてこの二つの教説は避けることのできない矛盾を生じているのである。そして、それらはそれぞれ必然的なのである。パスカルによるならば、このような矛盾は理性によっては解決できないものである。その解決は信仰による以外にはないのである。

エピクテートスもモンテーニュも人間の現在の状態は、神が造った時の状態と異なっていることを認識していないとパスカルは考える。すなわち、ストア学派は人間の本性は健全であり、それによって人間は神のもとに行くことができると想像したのである。また、現在の人間の退廃だけしかみない懐疑論者は人間の自然を必然的に弱いものと扱ったのである。ところで、このような人間の悲惨というものは人間の自然の中にある。そして偉大さは恩寵《おんちょう》の中にある。人間の自然を治癒《ちゆ》するということは恩寵に属するのである。そして悲惨と偉大さとが共存するということは、これら二つが、二つの異なった主体の中にある時、矛盾ではなくなるのである。ではいかにしてこの共存は可能であろうか。もしそれが可能であるとすれば、それは神人という特異な人格の中での、弱さと力とのいい表わすことのできないような結合によってなのであるとパスカルは考えるのである。

さらに、パスカルは哲学書を読むことが有益であることを主張した。われわれはキリスト者のみならず、神を信じない人の魂の状態も認めなければならないのである。哲学者において回心の妨げとなるものはストア主義の結果としての傲慢《ごうまん》か、あるいは懐疑論から結果する怠惰である。そして、これらの派の本の読書をいっしょにしないで一方だけをするとすれば、その一方だけを支持するということになってしまうことは確かである。しかし、この読書をいっしょにすれば、互いに対立させることになってしまうであろう。こうして、たとえこの両者の読書が徳を創造することができないとしても、少なくとも悪徳をじゃますることはできるであろう。また、このような両者の読書によって、人間の魂を救うことはできないであろう。しかし、それは恩寵が魂の中に救いへの最初の動きである不安を生じさせるために使用する手段となることはできるのである。

パスカルがド＝サシとの対話においてみずからを弁護したのは以上のようにしてであった。パスカルは、恩寵がみずからに触れ始めた時にみずからに起こった心の中の闘争をおもいだしていたのであった。そして、この時、パスカルはかつての自分のような状態にある人々を神のもとに連れて行こうと考えたのであった。

信仰と理性

では、それはどのような方法によってなのであろうか。パスカルは、人間をそれ自身においで反省させ、そのことによって人間の中に偽りの知恵の軽視と、また同時に神への要求とを生じさせることによってそれはできると考えたのである。このことはすぐに実行に移された。ロアネス公やドマがパスカルによって回心へと導かれたのであった。

パスカルがこのようにその友人たちを神のもとへ引き連れて行こうとしていた頃、パスカルはさらに多くの人々を回心させるために一つの著述を構想し始めていた。このことは、パスカルがかつて研究した科学の方法も新しい観点から検討させるようにした。この直接的機縁はポール－ロワイヤルの学校のために『幾何学初歩試論』を書くということであった。今日の『幾何学的精神』は「説得術」と「幾何学的証明の方法について」から成っているが、これらは『幾何学初歩試論』の序文に予定されていたものである。これらの断片においては、自然科学的な省察によって理性の限界を定めて、人間の精神を神的な事柄の研究のために訓練することが問題となっている。

これによってパスカルが到達したものは、理性と信仰との完全な分離でも信仰のために理性を棄て去ることでもなかった。すなわち、科学と宗教とはそれぞれ異なった領域をもっているということ、そして同時にそれらの間にはある関係が存在するということであった。科学は精神にいたるところで宗教に使用される明《めい》晰《せき》さや正しさや、推論の力を与える。科学は人間にみずからを知ることを助ける。また、科学は人間に、世間および自分自身を超越して見るようにうながす観念を与えるのである。自然の人はその理性と科学とをもってはいるが、それらは真理の尺度ではないのである。また自然の人は神的事物の秩序を理解することができない。しかし、それ自身の本性を理解することは、超自然的真理を探究する気持ちを起こさせるのである。たとえていうならば、人間はその解答が神においてしか見いだせない問題なのである。

このようなパスカルの考えは、ポール－ロワイヤルの考えとは異なるものをもっていた。パスカルは理性をキリスト教生活にも必要なものとして考えたのであった。

ジェズイット

宗教改革によってプロテスタンティズムとカトリシズムの対立が生じたことは周知のとおりであるが、このプロテスタンティズムはローマ教会の権威を否定する。そして、その根本となるものは個々人の信念である。また、個々人はその同意によって集団を形成するが、ローマ教会の無条件的な権威を認めないのである。

カトリシズムは、このようなプロテスタンティズムを単に非難することに満足しなかった。背教国を再び征服すること、および中世のローマ教会の再興を願っていたのであった。このような問題の解決のためには教会の力の新しい組織が必要であった。また、新しい教会の秩序が必要であった。こうしてできたのがジェズイットである。

このジェズイットは一五三四年にスペイン人、イグナチウス＝ロヨラ（一四九一年－一五五六年）によって創立された。そして、その会員は清貧、貞潔、服従、外国での伝道が要求されていた。これに属していた有名な人の中には日本に伝道に来たフランシス＝ザヴィエルなどがいる。このジェズイットは、その方針として世俗と新しい文化に関しては妥協の態度を採用していた。すなわち、その神学、弁証論、教理史、さらには法律や政策に関することにおいて、同時に現代にも伝統にも都合のよいようになかなか気の利いた精神を発揮していたのである。このようにジェズイットは理神論者や自然宗教に対して決してかれらの理性を犠牲にすることを要求せず、信仰に到達するためには、まずキリスト教を実践することによって自然の宗教を補い達成させることを、また、あたかも信じるように行動することを要求したのである。このような考えは、パスカルにも多少みられたが、それはシルマン神父の『自然の諸原理からひき出された霊魂の不死の証明』（一六三七年）や『徳の弁護』（一六四一年）の中にみられる考え方である。

ジェズイットの教理は、人間の自由にその分を与えるものであり、人間の努力の効力を信じる人に満足を与えるものであった。このような考えは予定説をとなえるプロテスタンティズムとは反対のものであった。たとえば、モリナ[1]の説によれば、神はその恩寵によって救済に必要な超自然的な援助をすべての人間に提供するものである。そして神は人間の自由意志の同意を得るべきか否かを知っているので、恩寵を選ぶことも提供することもできるのである。というのも神は特殊な知恵をもっていてあらゆる場合において人間がいかにして自由に決心するか否かを知ることができるからなのである。それゆえに、神の恩寵はそれだけでも十分ではあるが、それは人間の自由意志を得るか得ないかによって効力あるものにもなるし、無効にもなるのである。こう考えることによってモリナは神の威力と人間の自由意志とを調和させようとするのである。ここにジェズイットの特色がみられるわけであるが、これはカルヴィニズムが原罪によって堕落した人間がまったく無力であるとするのに対立するものである。人間に自由意志を認め、それが神の働きとどのように一致するかは一六世紀以来の問題であった。ジェズイットは人間の自由意志の力を復活させ、それと恩寵との調和をはかろうとした人々なのであった。しかし、このような考えの中には恩寵の必要を無視して人間の自由だけを強調し、やがては理神論や無神論におちいる危険が含まれていないとはいえなかった。

1) 一五三五年―一六〇六年までの人。スペインのカトリック神学者。

ジャンセニスト

一七世紀初頭のフランスにおいては自由思想が広がると同時に、それと反対のカトリックの運動が盛んになっていた。この運動は信仰と宗教的感情の覚醒《かくせい》、禁欲主義の覚醒を叫ぶところに特色があった。フランスが完全にカトリック教国になったのは、リシュリュー枢機卿の力によるところが大であった。しかし、一七世紀初頭のフランスでは、まだカトリシズムに反対する気風も強く、それを擁護《ようご》して行くためには、聖者たちはその反対者たちと戦って行かなければならなかった。しかし、それらの聖者の間にはカトリシズムの擁護という点では一致していても、その方法や考えが異なるため、互いの間に衝突が生じるようになって行った。ジェズイットとジャンセニストの衝突がそれであった。ジャンセニスムはコルネリウス＝ジャンセン（一五八五年－一六三八年）によって始められた。かれはリヨンの神学教授であり、アウグスティヌスについての著作で有名である。

ところで、カトリック教会が重要視した宗教的、道徳的浄化の感情は宗教改革以前からあった。そして、それはトレント会議においても、またジェズイットによっても失われてはいなかった。そのような感情はとくにヨーロッパではフランスにおいて強かった。そして、それは黙想の精神、世俗を棄て去る敬虔さや熱心な悔い改めの念を新たに呼びさましていた。それは人々を宗教へと鼓舞《こぶ》し、救いの条件として教会によって課せられた義務を厳密に良心に従ってなしとげるように説いていた。ジャンセンの考えは、人間の本性を罪深いものとするアウグスティヌスの教説と一致していた。こうした考えをとりいれたのがポール－ロワイヤル－デ－シャンであった。それはパリのポール－ロワイヤルに伝えられた。ジャンセンのもっとも親しかったデ

ポール－ロワイヤル－デ－シャン

ユ＝ヴェルジュの影響を受けてジャンセニスムが入って行ったのであった。

さて、以上のようなジャンセニストは、それと対立するジェズイットとは伝道のために世俗と妥協を許すか許さないかという点で明らかに見解を異にしている。すなわち、すでにみたように、ジェズイットは何よりもまずカトリシズムを普及することを念頭においているので、そのために人々との妥協点や接触点を探し求めるのである。このようにしてかれらは、かれらが回心させようとおもう人々に近づくのである。

このようなことはジャンセニストにはみられないのである。ジャンセニストは何よりもまず、カトリシズムの真理をその完全なる姿において示し、また、道徳をその完全なる純粋さにおいて示すのである。そして、その真理と誤謬《ごびゅう》との妥協を一時であってもいっさい否定するのであり、たとえ、そのためにカトリシズムから人々を離れさせるようなことがあってもかまわないのである。また、かれらは、むしろ、この真理が理性と衝突するものをもっていることを強調し、その道徳が習慣を拘束するものをもっていることを強調するのである。ジェズイットはジャンセニスト

ジャンセニウス

が人間をその真理のために犠牲にすることを非難し、また、真理と善については弾力性をもたない裁判官をもってみずから任じていることを非難するのである。これに対してジャンセニストはジェズイットを、真理を人の利益と情念のために犠牲にすることを、また、真理をすべての人の手のとどく範囲におくために、その真理性を低めているということを非難する。さらに、その考えはあまりに人間的であって神聖さがないといって非難するのである。

このようにしてみれば、ジェズイットとジャンセニストの対立は決定的なものであり、これが大衝突の根本原因をなしているのである。さらに、ジャンセニストとジェズイットの相違は人間の自由を認めるか否かに関してもある。ジャンセニストは、ジェズイットが理神論や自然宗教において人間に自由な意志の力を与えていることは、恩寵の考えを失わせ、ひいては信仰を破壊するものであると考えるのである。

五カ条の命題

以上のような考えの相違から起ったジャンセニストとジェズイットとの争いは常に続けられていた。このような論争は宗教改革以来プロテスタンティズムに対抗し、みずからを保持しようとするカトリシズムの本拠のローマ教会にとって、決して好ましいものではなかった。ローマ法王は、最初のうちは状勢を見守っていたが、やがてその争いをやめさせるために断罪の手段を用いるようになった。その代表的なものが、ジャンセニウスの遺著『アウグスティヌス』の教説のインノケンティウス十世による断罪である。『アウグスティヌス』を当時パリ大学の神学部長であったニコラ＝コルネが五カ条の命題にまとめていた。それが異端であるとされたのであった。その命題は次の通りである。

一　神のいくつかの戒律は、たとえその力で行なおうとしても、また努力しても、義なる人にとって不可能である。それによって戒律を行なうことが可能になる恩寵が義なる人に欠けているのである。
二　堕落した本性の状態においてはわれわれは、決して内的な恩寵に抵抗しない。
三　堕落した本性の状態においては、功徳《くどく》をつんだり、また、つまないために必然を排除する自由は、人間においては必要ではなく、拘束を排除する自由で十分なのである。
四　半ペラギウス派[1]の人々はとくに各々の行為や信仰のはじまりに対してさえも、先行的内的恩寵の必然性を認めた。そして、かれらはこの恩寵が、人間の意志がそれに抵抗したり、従ったりできるようなものであることを欲した点で異端であった。
五　イエス＝キリストがすべての人のために死に、あるいはかれが一般的にその血を流したというのは半ペ

1)　アウグスティヌスの恩寵の説とペラギウスの自由意志説とを折衷したもの。

ラギウス派である。

この断罪に対してアルノーとジャンセニストは「事実」と「法規」の問題を区別して対抗した。すなわち、かれらのいい分によれば、事実ジャンセニウスの中に右にあげた命題はある。そして、それらが信仰に違反し断罪されるべきということは法規によるが、それによって断罪されるのはあくまでも五カ条の命題であってジャンセニウスではない。またポール－ロワイヤルは法規に関しては法王に従っても、事実に関しては従わないとしたのである。

プロヴァンシャル

正義と真理は非常に鋭敏な二つの尖端《せん》であり、われわれの道具はそれに正確に触れるにはあまりにも摩滅しているのである。もしも、そこに触れたとしてもその尖端をつぶし、そのまわりに、すなわち、真の上よりもむしろ偽《いつわり》の上にとどくのである。（パンセ　八二）

論争の経緯《けいい》　ポール-ロワイヤルに入ったパスカルは、すぐに当時ジェズイットとジャンセニストの間に激しくたたかわせられていた論争にまきこまれることになる。ここでは、まずこの両派の論争がどのようにして始まったかその経緯を簡単にみてみよう。

一六五五年一月三一日のこと、サン-シュルピス区の司祭ピコテは、その悔悟者であるド゠リアンクールの聖体拝受を延期した。というのも、ド-リアンクールがその家に異端者であるブールゼイ師をおいたからであった。ブールゼイ師はフランスアカデミーに属していたし、またポール-ロワイヤルの仲間でもあった。さらに、ド゠リアンクールはその娘をポール-ロワイヤルの学校に入れていた。このようなことから、ピコテはド＝リアンクールの聖体拝受を延期したのであった。この時、アルノーは、この事件はド＝リアンクールを、ひいてはジャンセニストを教会から追放するための策であると考えて『一貴族への手紙』という題名の著作を刊行した。それは一六五五年二月二〇日のことであった。これがジェズイット、特に、アンナ神父によって猛烈な攻撃を受けたのである。そこでアルノーは、さらに『フランスの一公爵への第二の手紙』を書いてアンナに反撃を加えたのである。

房独の士道修

ジェズイットはアルノーのこの手紙から次の二点を指摘して反論したのであった。

(一) アルノーは断罪を受けた五カ条の命題が、ジャンセニウスの中にないということを断言してジャンセニウスを弁護している。

(二) アルノーはみずからのために、第一の命題を写しとっている。またかれによれば、教会と教父たちがイエス＝キリストをこばんだ聖ペテロ[1)]の人格の中に、恩寵がかけている義人を示しているということから恩寵は必ずしも義人に与えられるものではないという。

この第二のアルノーの手紙はソルボンヌに訴え出された。そして、この際も事実問題と法規の問題が争われたが、事実問題については、一六五六年一月一四日、アルノーは一二四対七一で誤まっているとの宣告を受けた。棄権は一五票であった。この裁判はジェズイットのさまざまな策略によってきわめて公正を欠くものであった。また、ソルボンヌは法規問題についてもアルノーを断罪しようとしていた。そこでは明らかな不法が行なわれていた。そして、一月二四日、それに抗議して六〇人の博士が身をひくという事件も起こったのである。

他方において、ポール－ロワイヤルはソルボンヌでアルノーが無罪になれないと絶望していた。そこで、この事件を大衆の前にもちだそうと考えていた。アルノーが一般の人々に、今問題となっていることを知らせないで、ただ子どものようにおとなしく非を受けることを納得できなかったからである。アルノーはその意を汲んで一般の人に問題の本質を知らせるための著作をしたのであった。しかし、大衆はそれによって少しも動かされるところはなかった。このように追いつめられていたアルノーはある日パスカルに、「若いあなたはこの事件について何か意見を出すべきである。」といった。パスカルは、その時、自分の意見の大略を書く

1) ペテロはキリストが十字架につく直前、三回ほどキリストを否認した。

自信しかなかった。しかし、かれはそれを書き始め数日間で仕上げた。それをパスカルは友人たちに読んで聞かせた。友人たちはみなそれに魂をうばわれたのであった。一六五六年一月二三日、パスカルの第一の『プロヴァンシャル』（ソルボンヌにおける現在の論争について、さる田舎《いなか》の友へその友人の一人によって書かれた手紙）が公にされたのは、このような事情からであった。

第一の手紙

拝啓。わたくしたちはまったくあざむかれておりました。わたくしはつい先頃それに気がつきました。それまで、わたくしはソルボンヌの論争の主題が宗教にとって大変重要であると考えておりました。

『プロヴァンシャル』の第一の手紙はこのような言葉で始まっている。いきなり、その冒頭からソルボンヌの論争がそれほど重要なものではないと述べているわけである。そして、それは簡潔で、生き生きとし、また、急所をつく鋭さをもっていたのであった。この手紙は、すぐに本質的な問題へと移って行く。「人々は二つの問題を検討しております。一つは事実問題であり、もう一つは法規の問題であります。」パスカルは事実問題については簡単にふれ、ただジャンセニウスの本の中にあの命題に相当するものをみることができないとし、また、かたくなにそのことを認めようとしない人々の勝手さを浮彫りにしているだけである。そして、パスカルはやや意地悪く、「世の中が実際信用しなくなりました。みるものしか信用しないのです。」といっている。これに対して、法規の問題（信仰の問題）となったものは、事実問題以上にたいせつな問題を含んでいる。すなわち、それは恩寵という最もたいせつな原理に関係しているのである。

この手紙は匿名《とくめい》で出されているがその中で「わたくし」は種々の派の人々のところに行って、実際にソルボンヌで行なわれている論争点について教えを乞《こ》う形で書かれている。その方法は無知の知を自覚していたソクラテスのそれに似ている。そして、そこから二つの特殊な答が得られるのである。すなわち、聖ペテロが神の律法を守る能力があることを両者とも認めるが、ジェズイットはそれを「直接能力」という言葉を使用してあらわしている。それは、すべての人間は恩寵によって律法を直接行なうことができる力を意味している。これに対して、ジャンセニストはそれを用いない。アルノーやジャンセニストが異端として非難されているのはまさにこの点なのである。だからアルノーは直接能力という言葉を使用しさえすればよいのである。そうすれば異端とはならないであろう。それなのにアルノーは直接という言葉を認めることを拒否しているのである。両派の恩寵についての考えは同じであるのに、直接能力という言葉を使うか使わないかにその論争はかかっているのである。ジェズイットは、もしアルノーがこの言葉を使わなければ、異端となるであろうというのである。そして、さらに「われわれは数において多数である。もし必要ならば多数のフランチェスコ教団の修道士たちをつれて来るので、われわれの方が勝利をおさめるであろう」というのである。

この手紙はルイ＝ド＝モンタルトという匿名《とくめい》でサヴルー書店から出された。この手紙はおおいに大衆の支持を得た。また、神学者や政界にも活発な動きを生じさせた。この手紙の中で名指しされた博士たちは激しく怒った。大法官のセギエは七回も怒りのあまりに悪血をとってもらわなければならなかったという。また、二月二日には版元のサヴルー書店は差し押えられたという。この手紙はこのような大影響をもたらしたのであったが、しかし、アルノーは一月三一日に法規問題について一三〇対九で断罪されたのである。

十分な恩寵と有効な恩寵

パスカルは第二の手紙を一月二九日に書きあげている。これは二月五日に公にされた。これは第一の手紙よりさらに辛辣《しんらつ》なものであった。この手紙もパスカルがいろいろな派の人人の意見を聞く形式をとるわけであるが、まずジェズイットとジャンセニストの意見の相違点として、第一の手紙にひきつづいて恩寵の教理をあげている。ジェズイットによるならば、すべての人々に与えられ、また、その選択においてそれを有効にしたり無効にしたりするほど自由にゆだねられている恩寵がある。かれらはそれを「十分なる恩寵[1]」と呼んでいる。これとは反対に、ジャンセニストは、「有効なる恩寵[2]」しか実際に十分なものとはみていない。そして、人は有効なる恩寵なしには決して行動しないといっている。また、トーマス派についていえば、かれらはジェズイットのようにすべての人に与えられている十分な恩寵を認めているが、人間が行動するためには、神がすべての人に与えていない有効な恩寵が必然的に必要であると付け加えている。とするならば、このような恩寵は、十分でない十分な恩寵でなくて一体何であろうか。さら

1）十分な恩寵は、もし、それが実際によい行為を完全になしとげさせるなら有効な恩寵となる。この二つは本質的には同じである。

2）有効な恩寵についての解釈は派によって異る。

に、ドミニコ派の人々は、教理においてはジャンセニストの側にあるのに、十分な恩寵という言葉を利用してジェズイットに結ばれている。このように真の恩寵の原理を放棄することは、聖トーマスを奉ずる修道会として果たしてふさわしいであろうか、とモンタルトはいうのである。これに対して、ドミニコ派の神父は次のようにいう。「あなたは自由であり、個人である。わたくしは修道士であり、修道院に属している。わたくしたちの修道院長は、わたくしたちに賛同することを約束して下さった。そして、たしかに、わたくしたちの修道会は有効な恩寵に関しての聖トーマスの教理をできるかぎり支持して来た。ジェズイットは今では大衆の信用を獲得している。もし、少なくとも表面だけでも十分な恩寵を同意することによって有効な恩寵の教理をゆるめないならば、わたくしたちはカルヴィニストとして非難されるであろうし、また、ジャンセニストのように扱われる危険におちいるであろう。」ここで、モンタルトは次のようにいう。「神父よ。あなたの教団はあやまって処置をしたという不名誉を受けた。また、あなたの教団は、世界が創造されてからこのかた一度も棄てられたことのなかったこの恩寵を放棄しているのである。」そして、今や勇敢に戦う時であるといっているのである。

すでに述べたように、アルノーは一月三一日に異端とされた。二月一二日に出た第三の手紙は、第二の手紙に対しての田舎の友人の手紙に答える形式で書かれている。

ここではアルノーに対してなされた非難について、それがいかに誤まっているか、理に合わないか、また無効であるかを述べている。アルノーが非難されるのはかれを教会から追放するための口実が得たいからなのである。かれらには、その追放の説明を明示することができない。アルノーは決して異端ではない。また、この論争は神学者のそれであって神学のそれではない。神父たちは、たとえそれがカトリック的なものであっても、アルノーの場合には異端であるとするのである。これは、今までになかった新しい種類の異端であろう。

道徳問題その一

第三の手紙までパスカルはもっぱら神学的な観点にたっていた。第四の手紙は二月二五日の日付で出るが、これからは知らずのうちに道徳問題に近づいて行き、ジェズイットは罪人を無罪にする方法を探しているのだとする。

モンタルト（パスカル）は一人のジェズイットの神父のところに行き、行為がわれわれにとって罪とされるためにはどのようなことが条件であるかと質問する。神父はそれに対し次のように答えるのである。「われわれがその罪を犯す前に神が次のようなことをわれわれに与えねばならない。㈠そこにある悪についての認識。㈡霊感がわれわれにそれを避けるようにさそうこと。したがって、われわれが罪人と呼ぶ人は、まさにこれらの二つの条件がみたされていない人たちなのである。なぜならば、もしもこれらの条件がみたされているなら、罪は生じることができないからなのである。そうすれば、もはや現実の生活では、罪はなくなるであろう。また、ジェズイットの神父は、われわれに関していえば、われわれはこれらの条件が常に実現されているということを支持しているというのである。それらは、神が常にすべての人々に与えている現実の恩寵によって実現されているのである。しかし、モンタルトはいう、「これは事実問題である。事実はわれわれには依存しない。われわれは事実に従わねばならない。さて、経験に従うならば、事実、悪徳と不敬に身を沈めている人は罪の認識とそれをさけさせるようにする霊感とをたしかに欠いているのである。」これに神父は「少なくとも義人は常にこの二つをもっている。」と答える。これに対してモンタルトは「あなたは一体、人がそれに気がついていない罪があるということを知らないのか。すなわち、人間は良いと信じながら悪い行為に走ってしまうということを知らないのか。また、それでもやはり罪があるということを知らないのか。すなわち、いかにして義人はかくれたあやまちをするのであろうか。聖書にあるようにどうして最高の聖人も常に恐れとおののきの中に住まなければならないのであろうか。人が正義を知らない時は罪を犯すことができないなどといってはいけない。」という。

以上のような神父との対話はすでに神学上のそれではなく道徳上のものであった。また、もし、ジェズイットのいうことが正しいならば、行為は、それがより堕落し、より無意識的な魂から出発すればするほど許せるものになるのである。しかし、パスカルにとっては、行為はその道徳的意義を魂の奥深いところからひきだすものなのであり、内的で永続的な魂の状態がたいせつなのであった。パスカルはジェズイットの道徳上の著作をいくつか知っていた。そして、その腐敗ぶりにびっくりしていた。パスカルは、かれらのこの道徳上の弛緩《しかん》からかれらのような恩寵についての説が出ているのであると考えた。もしも、かれらがキリスト教生活の高度な義務、すなわち、自己放棄と神への愛とを支持するならば、かれらはそれを完全に行なうた

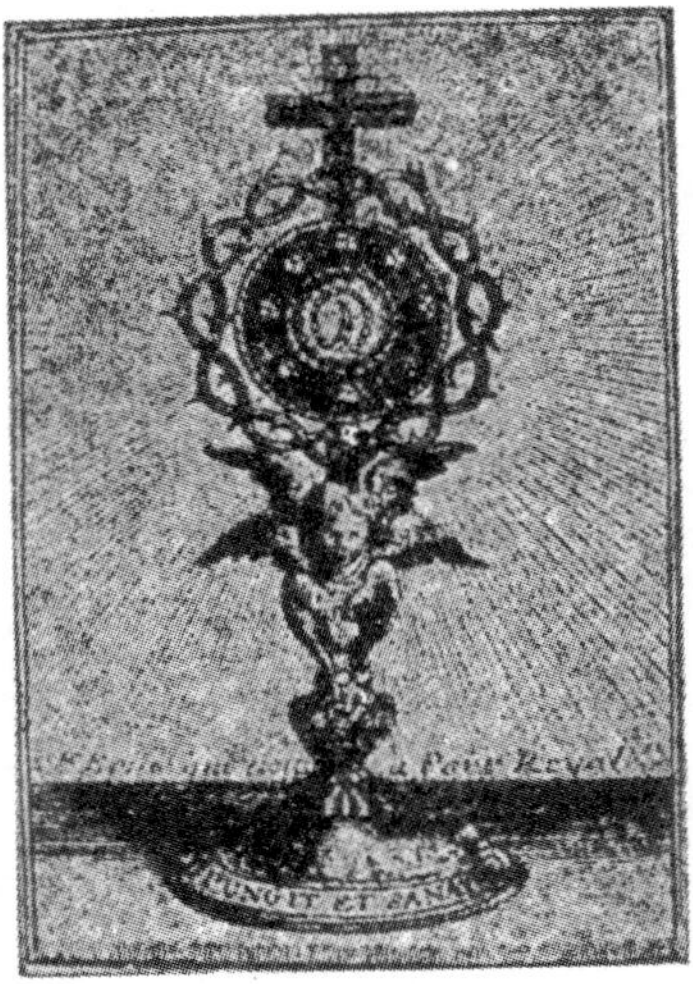

聖なる荆《いばら》の冠

めの力を、必然的にただ神からのみ期待しなければならないはずであった。しかし、まったく異教的な道徳を実践するためには、自然のままで十分なのである。人間はその魂の変化なしに単に肉体を動かすというような行為をするためには、恩寵は必要ではないとパスカルは考えたのであった。こうしてパスカルは、ジェズイットに対する攻撃を道徳の面から始めたのである。そして、パスカルのこの論争に対する熱意は第五の手紙からますます高まって行くのである。

奇蹟

アルノーが断罪を受けてソルボンヌを追放された影響がポール－ロワイヤルにもおよび、一六五六年三月一八日には、ポール－ロワイヤル－デーシャンの隠士たちはそこを去って離散しなければならないことになった。そして、やがては修道女たちも同じ運命をたどらなければならないであろうことは明らかであった。ポール－ロワイヤルがこのような不安と悲しみにあった時、ポール－ロワイヤルに奇蹟が起こったのである。それは一六五六年三月二四日の金曜日のことであった。キリストのつけていた荆《いばら》の冠の一部を院内にもって来た人があって、ちょうどその時、治癒できないといわれていた涙《るい》のう炎を患っていたパスカルの姪《めい》のマルグリットは、それに触れるだけで、たちまちのうちになおったのであった。それは完全であって、彼女の眼をみてもどちらの眼が病気であったのかわからないほどであった。このことは、ポールーロワイヤルにおいても、その外部においても大きなセンセイションをまき起こしたのであった。それは、迫害を受けていたポールーロワイヤルに対する神の援助を意味するととれたのであった。

パスカルは、この奇蹟の少し前に、ある自由思想家と話をかわしていた。その人は、神が真のキリスト者に何らの保護もしないで迫害を受けるがままにしておくことに疑問をいだいていたのであった。パスカルはその疑問に何のためらいもなしに答えたのであった。「わたくしは必然的に奇蹟が起こることを信じている。」と。このパスカルの確信がポールーロワイヤルで実現したのであった。それはパスカルにとっては、パスカルが神の名においていったことに神が関心を示してくれたことにもとれた。パスカルはそれによってますますこの論争に熱を入れるようになるのである。一六五六年三月二八日、奇蹟が起こってから四日たって第五の手紙が出される。

蓋然的意見の教説
—道徳問題その二

拝啓。わたくしがあなたにお約束をしたこと、それは教理においても知恵においてもとてもひいでたお方でありますジェズイットの神父様の道徳の根本的特徴です。神父様は神の知恵によって導かれており、哲学者よりも確信に満ちております。あなたは、わたくしがからかっているとおもいでしょう。しかし、わたくしはとてもまじめに申し上げているのです。あるいは、むしろ、こう申しておりますのは、ジェズイットの神父様自身なのです。

手紙はこのような調子で始まり、さらに復讐的な皮肉さと熱烈な雄弁さとで続けられている。この手紙では、モンタルトは、お人好しのジェズイットの決疑論者[1]と二人さし向かいであらわれる。かれはスペインの決疑論者エスコバールの権威により、また、この世の罪人を消滅させる使徒的な喜びをもってあくまでも親切に同じ派の博士が考えだした結構な質問と、かれらが発明した非道徳的な、また奇抜な解答をあげて行く。彼らがやたらに賞賛する道徳は根底に蓋然的意見の教説をもっている。それは、お人好しの神父が頼まれるがままに示す文献の中にもみられる。このことは、ジェズイットの考えがすべての条件とすべての人に適合できるものであることを示している。たとえば、ジェズイットが弛緩していると歎くことのできるような人にはそれは厳格に適合し、また、規律のゆるむことを求めている俗人にはゆるみをもってするのである。このようなことができるのはジェズイットが蓋然的な意見の教説をもっているからなのである。そして、これがジェズイットの道徳の根本をなしているのである。たとえば、娘を追い回わすことに疲れた人は大斎を守らなくてもよいかどうかといえば、それはよいのである。決疑論も殺人や放蕩《ほうとう》というような悪い行為を許すようなことはしない。殺人や放蕩は明らかに罪である。このことは決疑論者もパスカルにそういっている。しかし、決疑論者が殺人者あるいは放蕩者に大斎を免除してやるということは確かである。しかも、決

1) 決疑法ともいう。外的に規定された倫理的規則を個々の特殊な場合に適用して価値判断する方法。またそのようなことを一般的方法とする道徳上の一派。キケロ、アタナシウス、ジェズイットなどがこの方法を重視した。

疑論者のあるものは、故意に大斎が免れるように行為したものにさえも、大斎を免除するのである。そして、しかも、決疑論者は自分が道徳を破壊しているものであるとは知らないのである。

道徳問題その三

第六の手紙においてはパスカルの攻撃は急に激しくなって行く。ここでは、蓋然論の考えを応用してジェズイットが福音書や公議会、法王などの権威を免れるためにどのようにしているかが具体的に述べられている。「汝の余分のものを施《ほど》こせ」という掟《おきて》においては、この「余分のもの」という言葉がそのようなものをもつことがわれわれにはめったにないという仕方で解釈されるのである。また、法王のグレゴリウス一四世は、「殺人を犯したものは教会の庇護《ひご》を受ける資格がない。」と宣言したが、もし殺人者を金をもらって殺人する人と解釈すれば、それは教会の庇護を受けることができるのである。このように考えれば、人を殺す大部分の人は殺人者ではなくなるのである。また、言葉が非常に明白でどんな解釈も許さないときには、「都合のよい環境」を使用することができる。たとえば法衣をまとわない修道士は法王に破門されるのであるが、しかし、そのような掟は修道士が掏摸《すり》をするためや遊里に人に見付けられないように行くために衣を脱ぐのであったらあてはまらないのである。次には賛否の二重蓋然性の方法がある。もし、法王がある意見について肯定しても、必ずしもその反対の神父の意見がいけないということにはならない。法王の意見は蓋然性をもっているのであり、また、神父の意見も蓋然的なのだからである。これらの方法を適宜使用すれば聖職禄受領者、司祭、修道士をはじめとして、すべての人々が法の盲点をくぐって悪いことをすることができるのである。

意図を浄化する方法

第七の手紙においては「意図を浄化する方法」が述べられている。ジェズイットの神父たちは、悪い行為をやめさせることができない時には意図を浄化する。こうして、手段の悪を目的の純粋性によって正すのである。この手紙の中で決疑論者は、それがジェズイットの道徳において常に重要なものであるといい、さらに、これによってジェズイットの神父たちは決闘において殺人者を許す方法を発見したのであるという。すなわち、その方法は、罪である復讐をしたいという欲望を、名誉を守る欲望に変えさせるというものなのである。このような名誉のための殺人はジェズイットの神父たちによって許されているのである。また、息子はその父親の死を望んでもよいということになる。しかし、それはその息子が父親の死をみることに欲望の最終的な目的をおくのではなく、遺産を相続したいと思う場合である。

第八番目の手紙においては、このような意図の浄化の方法が一つの例として裁判官の収賄にもあてはめられている。それによるならば裁判官が当時者から贈物を受取ることができるのは、その当時者の好意や感謝からそれが贈られる時なのである。また、ここでは、人が邪《よこしま》な行為をするための金を送られたとき、それを返すべきか否かという問に対してのモリナ[1]の答があげられている。それによれば、もし人がある行為に対し

1) 一五三三年―一六〇六年。スペインのカトリックの神学者。

て金が支払われたその行為をなさなかったなら、その金を返さねばならない。しかし、その行為をなしたなら人はその金を返す必要はないのである。

第九の手紙においては、多義語、および心内留保が問題となる。この二つの説は嘘《うそ》を許すのに非常に役に立つ。前者の多義語の教説は、自分が理解するのとは異なる曖昧《あいまい》な言葉を使用して相手を納得させるものである。また、後者の心内留保は嘘をいうために相手に対して必要な言葉をいい落とすことを規定するものである。たとえば、「わたくしはそれをしなかったことを誓う。」といった場合、「ただしわたくしが生まれる前には」という言葉を故意に落とすのである。

第十の手紙においてはジェズイットの方針が書かれている。そして、かれらが懺悔《ざんげ》に手加減を加え、それを世の人をひきつける最良の方法としていることが指摘され非難されている。また、最もたいせつなものである神の愛の説については、死の間際のちょっと前に神を愛するだけでも、または死のほんの間際であっても十分であるといっている。あるいは、われわれが救われるためには神の愛は必要ではないという。それはイエス＝キリストがこの世に出現することによってもたらしてくれた利益であるともいう。しかし、このことより以上の不敬《ふけい》はないのである。イエス＝キリストの流した血の価が、われわれにイエス＝キリストを愛さなくてもよいとするのであろうか。一生涯神を愛したことのない人を永遠に神の愛を受けるに足る人とすることほど罪なことはないのである。モンタルトはついにこのような叫びを発するのである。今や、かれにはジェズイットの道徳のすべてが理解できたのである。モンタルトはジェズイットの神父たちとのさまざまな談話の後、もう再びそのもとに帰らないが何ら後悔しないだろうといって、神父たちのもとを去ったのである。

パスカルは以上のような論争において、まさにただ一人でジェズイットを相手にしていた。ジェズイットのパスカルに対する反論は次の諸点に向けられていた。すなわち、パスカルは宗教上の事柄を茶化すものであるということ、パスカルは不正確な引用をしたということ、世に知られていないジェズイットの何人かの神父のもつ個人的な矛盾をジェズイット全体のものとしたことなどの点であった。

ジェズイットの神父たちへの手紙

パスカルは以上のようなジェズイットの抗議に対してあくまでも相手の腐敗をあばこうとする。ここから手紙は「田舎の友」に宛てたものではなくなり、『プロヴァンシャル』の手紙の著者によって書かれた尊敬すべきジェズイットの神父たちへの第一一番目の手

ジェズイットによるジャンセニストの混乱の風刺画

紙」となる。この手紙は一六五六年八月一八日に公にされたのであるが、次の言葉で始まっている。

わたくしがあなた方の道徳の問題について、わたくしがわたくしの友人の一人に書いた手紙に対してあなた方が述べた手紙を読みました。あなた方が主《おも》に問題としている点の一つは、あなた方の格率についてわたくしがかなり不真面目《ふまじめ》に語ったということであります。

…………………………

神父さん、事実、宗教を笑うことと、不条理なその意見によって宗教の神聖を瀆《けが》す人々を笑うこととの間にはまったく差があります。神の霊があらわにしている真理に対する尊敬を欠くということは不敬でありましょう。しかし、人間の精神が、それらの真理に対立する虚偽に対して侮蔑を欠くということも不敬でありましょう。

こうして、パスカルはなぜ宗教を茶化したのかと反問する。宗教を冒瀆《ぼうとく》する人を笑うことは果たして宗教を笑うことであろうか。誤謬《ごびゅう》を嘲笑することによって誤謬と戦うことは禁止されているのであろうか。真理というものが愛に値するだけでなく、尊敬にも価するのと同様に、誤謬にはそれを恐ろしいものにする不敬虔と、それを滑稽《こっけい》なものにする無遠慮とが含まれているのである。神はみずから罪人に「わたくしは汝が滅びる時に笑うであろう。」といっている。公然たる誤りを非難する人々に対して夢中になって怒るが、その公然たる誤りを犯す人に対して怒らないのは、まことに奇妙なことである。しかし、神父たちよ、不作法な道化の例をみたいと欲するならば、あなた方の神父の書いた本、『やさしい信念』と『廉恥《れんち》の賛辞』を読みなさい。その中では、信者への媚《こび》と不敬とが相争っているのである。それからあなた方は、わたくしを欺瞞《ぎまん》ということで非難している。しかし、わたくしはあなた方のもっともすぐれた著者たちの意見を原書どおりに引用したにすぎないのである。あなた方の神父の一人がヴァスケスの考えを賞賛して引用する時、その神父は誹謗者《ひぼうしゃ》とも真実を偽る人ともいわれないのに、わたくしがその同じものを引用すると真実を偽わるものとされるのはなぜなのであろうか。その理由は簡単である。あなた方は強く、そしてわたくしは弱いからなのである。あなた方は力ある団体であり、わたくしは単独だからである。あなた方は暴力をもち、わたくしといえば真理しかもっていないからなのである。暴力が真理を従圧しようとしている戦いは奇妙な戦いである。それらは互いに打ち合うことはできない。それらは同じ秩序ではない。言葉は暴力を打ち破ることはできないが、暴力は真理に対しては無力である。暴力が神の命令によって限定された期間しか続かないのに対して真理は神自身のように永遠なのである。

以上のような第一一番目の手紙が出てから約半月ほど後の一六五六年九月四日、フランス聖職者の集会において先にあげた五つの命題は誹謗され、しかも正式にこの五つの命題は聖アウグスティヌスの説ではないと、また、ジャンセニウスは聖アウグスティヌスの真の意味を誤って解釈していると宣告されたのである。

一六五六年九月六日に第一二番目の手紙が出される。ここでは真実を偽るといわれたモンタルトがヴァスケスの施し物についての意見や沽《こ》聖（聖職（物）売買）について述べてかれらの非をついている。また、九月三〇日の第一三番目の手紙では殺人についてのジェズイットの格率について述べている。

「あなた方は純理論と実践とを区別している。純理論においては殺人が許されるとする意見はありうるが、実践においては、国家の利益という観点からみれば、殺人はすすめられないという。次いで、もしも国家に関する不都合が避けられるならば、問題の殺人は実践においてさえも許されるとあなた方はいう。あなた方のこのような純粋理論と実践上の区別は殺人を弁解するための策術でしかないのである。このようにいうと、あなた方はこの意見を若干の神学者だけのものであるといって反対するであろう。しかし、蓋然《がいぜん》的な意見についてのあなた方の教説に従えば、十分あなた方は良心的にその意見に従うことができるのである。ここにあなた方の策術があるのである。罪を弁解するために、あなた方はいつも典拠をもっている。あなた方が罪を弁解することを認めさせようとする人々を、反証をあげて論破するためにあなた方は他の典拠をもっている。心の二重なる人よ。二つの道を歩む人よ。神の呪《のろ》いに差し向けられているのはあなた方なのである。」

第一三番目の手紙はこうして終わる。この手紙が出て数日たった一六五六年一〇月一六日、アレキサンドル七世（在位一六五五年―一六六七年）はジャンセニウスの五つの命題を教書によって誹謗した。

るのである。この手紙は「もっとも恐ろしい手紙の一つ」といわれたものであり、「ヌエ神父をして冷静を失わせた」ものなのである。

誹謗の問題

しかし、パスカルはこの誹謗にすぐには答えなかった。第一四番目の手紙では殺人問題をとりあげて、それによって非常に激しい調子でジェズイットの道徳的腐敗をさらに攻撃してい

さて、殺人を許すということにおいて、ジェズイットは神法も人法も忘れているのである。ジェズイットは平手打ちや中傷や侮辱《ぶじょく》の言葉などのために殺人をすることを認めているのである。もしも、それを失うことが不名誉となるならば、ただそれだけでわれわれから若干の金、もしくは一個のリンゴを盗む人を殺す権利があるのである。このように考えるジェズイットの人々は、いったい、みずからをどのような人であると考えてもらいたいのであろうか。福音の子どもとしてであろうか。それとも福音の敵としてであろうか。イエス＝キリストはその栄光を苦しみにおいた。それに対して悪魔は苦しまないということにその光栄をおいたのである。イエス＝キリストは人々があなたの善について語る時、あなたには不幸があるといった。それに対して悪魔は、世間から尊敬を失った人々は不幸であるといった。ジェズイットはこれらの中のいずれに属するのであろうか。ローマにおいてはその敵を誹謗することができた。しかし、天国においてはかれらを誹謗するのはイエス＝キリストであろう。

一五番目の手紙は一六五六年一〇月二五日に出される。

モンタルトは、ジェズイットたちが敬虔な人々を偽瞞者呼ばわりをして、あまりにも残忍に迫害するのを

みて敬虔な人々と教会の利益のために、ますます戦うのである。かれはそこでジェズイットの行動の秘密をあばこうとする。ジェズイットの戦術は誹謗であるといえば、かれらは心の中で修道士たちはこのような罪を犯すことはできないと判断するであろうし、人々はかれらを言葉どおりに信じるであろうと思うであろう。それゆえに、みずからの名誉を保つために誹謗することには大罪は少しもない、といって誹謗の罪を排除することに専念して来たのである。かれらは、ジェズイットに対して向けられた攻撃は神に対して向けられた攻撃と簡単におもいこんでしまったのである。それ以来かれらはその敵を憎らしいものにするために書物を偽造し始めたのである。概してかれらは曖昧な調子を使用するのである。そしてかれらは恐るべき罪を申し立てるのである。ところで、証拠なしにかれらがこのように誹謗する時には、「汝らは恥しらずにも嘘をついている」といってやれば十分なのである。今や、誹謗された人々に名誉をとりもどしてやるべき時なのである。

一六番目の手紙は一六五六年一二月四日の日付である。この手紙においては、さらに、ジェズイットのジャンセニストへの誹謗に対する反駁《はんばく》が続けて述べられる。神父たちはポール-ロワイヤルがジュネーブと相通じているといって非難する。しかし、ポ

ジャンセニウスによる『アウグスティヌス』の口絵

ール-ロワイヤルはジュネーブが認めているものは何も教えていないのである。したがって、決して異端ではない。また、ポール-ロワイヤルが化体《けたい》(全質変化)を信じないといって非難することはあたらない。サン＝シランもアルノーも明確にその神秘について述べているし、信じてもいるからなのである。
以上のようなパスカルの反駁《はんばく》に対して、ジェズイットは今度はパスカル自身を異端として非難するのである。

アンナ神父への手紙

第一七番目の手紙は、一六五七年一月二三日に出たが、この次に出る第一八番目の手紙と共に、これはアンナ神父へ直接宛てられている。ここではジェズイットのパスカルに対する誹謗に対して、パスカルはおおよそ次のように答えている。

いつわたくしは異端者と同じことをしたのであろうか。また、あなた方は「プロヴァンシャル」を書いたものはポール-ロワイヤルに属しているものと考えた。そして、ポール-ロワイヤルを異端とした。だからわたくしを異端とした。だが、適切にいえば、わたくしはポール-ロワイヤルのものではない。わたくしは独立している。したがって、もっとほかの方法でわたくしが異端であると証明しなさい。さもなければ、皆があなたがたの無力さを承認するであろう。わたくしは地上においてはローマ法王の教会にしか結ばれていない。わたくしはこの世の何ものも求めないし、また恐れもしない。わたくしはあなたがたの手から逃れる。しかし、あなたがたのポール－ロワイヤルに対するいっさいの暴力はわたくしの打撃を逃れることはできないのである。わたくしは、イエス＝キリストが単に予定された人々のためにではなく、呪われた人のためにさえも死んだということを特に信じるものである。

このようにしてパスカルはみずからの立場を明らかにしている。

第一八番目の手紙は一六五七年三月二四日付で出されている。この中では、パスカルは次のように述べている。

長いことあなた方は、その反対者の中に何か誤りはないかと探し続けて来た。しかしわたくしは、あなた方が異端でないものを異端とすること以上にむずかしいことはないとついには認めるであろうことを確信している。あなた方がジャンセニストと呼んでいる者は誹謗されたあの五カ条の命題が一字一句ジャンセニウスの本の中にあるということをただ否定しているだけである。このようなことは事実問題であって、事実問題に関してはだれも良心を意のままにひきまわす権利も手段ももたないのである。この問題は感覚と理性だけに依存するのである。あなた方がガリレオに反対して法王の地球の運動を非難する布告を得たのは無益であったのである。その布告は地球が動かないでいるということを証明するものではないのである。もしも、回転するものは地球であるということを証明している確固とした観察をもつならば、すべての人はともに地球が回ることを否定しないし、また、地球とともに回る自分を認めねばならないであろう。スペインの王が法王の判断よりもむしろコロンブスを信じたのも同様なことである。このようなことが事実問題のもつ性質なのである。教会がそこにあると想定した誤りを、一文書が実際に含んでいるということは信仰問題であることはできず、それによって誹謗されることは不当なのである。

このようにしてパスカルは、あくまでも事実問題と信仰問題（法規問題）を区別して考える。パスカルは、また同時に、神の恩寵と自由意志の問題を論じている。パスカルはトーミストによって主張される恩寵にさからう人間の自由がもっている能力と、聖アウグスティヌスが教えている恩寵の効果の確実性の間には矛盾がないことを発見している。すなわち、神は人間の心を、それにまきちらす神の快さ《こころよ》によって変えるのである。しかも、その快さは人間のいっさいの感覚的な快さにまさるものである。そして人間の心はみずからを魅了する神の中に最大の喜びを発見するので、まったく自由でまったく意志的な、また、まったく愛によって生じる運動によって、みずから誤ることなしに神のもとにおもむくのである。というのも、人間の意志はみずからにもっとも気にいるものの方にしか向かって行かないからなのである。このようにして神は人間の自由意志を、必然によってではなく、まったく自発的にみずからの方に向けさせるのである。そして、常に恩寵にさからうことができるが、必ずしも恩寵にさからうことを欲しない自由意志は、神がその有効な霊感の快さによって、自由意志をひきつけようと欲する時には神のもとへ誤ることなく確実に自由におもむくのである。恩寵と自由意志は、こうして決して矛盾するものではないのである。それはその根底においてまったく一致するものなのである。まったく真理は、意志の上に働く恩寵の力と、恩寵にさからう意志の力の二つの相反するものの結合によって作られるのである。もしもこの二つのものの矛盾を解決するためにどちらか一方を無視するならば、カルヴィンのような誤りにおちいるのである。これらのいずれの真理もわれわれは同様に熱望していなければならないのである。

パスカルは自然科学においてはその真理に従った。そして、理性の限界をよく知っていたパスカルは理性を超越する真理に対しては理性を服従させたのである。

この一八番目の手紙が出る一週間ほど前に、アレキサンドル七世が前年の一〇月に五ヵ条の命題が異端であると再確認した教書をフランス聖職者総会は受け取った。そして聖職にあるものはすべてそれに署名しなければならなかった。それは一六五七年三月一七日のことであった。これに対してポール-ロワイヤルの人々の困りようははなはだしかった。パスカルはそれをみかねて第一九番目の手紙を書こうとした。しかし、それは未完に終わった。その原因は不明である。おそらく五ヵ条の命題を異端とするための署名に対してかなりの反対者が出て安心したのか、もしくはジェズイットが暴力行為を惹《ひ》き起こすことを恐れたのではないかといわれている。

このパスカルの「プロヴァンシャル」は一六五八年にラテン語に訳されて全ヨーロッパに普及された。し

ブーリエ師

かも、それは原文より以上に好評であった。しかし、それはローマ教会によっても、ソルボンヌによっても異端とされた。また、一六六〇年九月二三日には、参議院は『プロヴァンシャル』はひきさかれ、焼き棄てられるべきであるということを決定したのである。

しかし、パスカルはこの誹謗に動かされなかった。パスカルは、もしわたくしのこの『プロヴァンシャル』がローマで誹謗されるならば、それを誹謗するものは天国で誹謗されるといっている。パスカルのその時の気持ちは、主イエスの法廷に上訴したい気持ちであったであろう。パスカルは『プロヴァンシャル』を書いたことによって決して後悔してはいなかった。パスカルはその死の一年前に、パスカルの教区のブーリエ師に『プロヴァンシャル』を書いたことを後悔するかと問われて「わたくしはそのことを後悔するどころか、今もしわたくしがそれを書くべきであるなら、わたくしはもっとも強くそれを書くだろう」といったのである。

最後の幕は、他のすべての幕がどんなに美しくても血なまぐさい。頭の上に土を投げるのである。それですべては永遠に終わりなのである。(パンセ 二一〇)

晩年

パスカルが『プロヴァンシャル』を書いていた時期は病気は小康を保っており、病苦はそれほど感じられなかった。完全とはいえなかったが、その間の健康があの精力的な『プロヴァンシャル』を生んだのであった。しかし、やがてパスカルの病勢は再び進み、苦痛を生じるようになる。すでに述べたようにパスカルは「病気はキリスト者の自然の状態である。」といったが、この「自然の状態」が、特に晩年の四、五年間は続くのである。『パンセ』はやや健康状態のよかった一六五七年頃から書き始められたのであった。

サイクロイド　さて、パスカルは『パンセ』の中で、「わたくしは抽象的な学問で長い間時間を過ごした。そして、それから得られる交際の少なさがその研究をいやにさせた」(一四四)といっているが、パスカルにとって学問はそれが宗教に役立つかぎりにおいてしか重要ではなかった。一六五四年の「算術三角形」以来科学上の業績はパスカルにはなかった。しかし、パスカルにおいて、それまで眠っていたその科学上のすぐれた才能が再び一六五七年頃から目覚めることになる。パスカルは一六五七年にある人と科学上の手紙をかわしているのである。

一六五八年のある日、パスカルの病気は再び悪化し始めた。それは最初は歯痛であったが、そのためにパスカルは眠れない日が続いた。そのような日のある時、パスカルは痛みをまぎらせるために数学上の問題に精神を集中したのであった。それは一六二八年にメルセンスが提出したものであり、まだだれもが解くことのできなかったサイクロイド（ルーレット）の問題であった。その当時においては、まだだれもサイクロイドの全面積の求積の完全に満足できる方法を発見していなかったのである。パスカルはその解法を知らずのうちに、自分でも驚いたほど容易に発見してしまったのであった。パスカルは、それを発表するつもりはなかった。しかし、パスカルは、たまたま、このことをロアネス公に話してしまったのであった。この時、ロアネス公はパスカルに次のようにいったのである。「あなたが無神論者と戦うその計画において、かれらに幾何学に関するすべてと、証明を必要とすることのすべてをかれらよりもずっと知っていることを示さねばならない。また、あなたが信仰に関することに服した以上、その理由として、証明がどこまで達すべきかという限界を知っていたからである、ということを示す必要がある。」もし、パスカルがこの言葉を聞かなかったなら、パスカルはその解法の発見を公表する気にはならなかったであろう。さらに、ロアネス公はこのことに関してコンクールを催して、この問題を正確に解いた人に六〇ピストルの賞金を出すことを提案した。一六五八年六月、パスカルはアモス＝デットンヴィルという匿名《とくめい》で当時有名であった全数学者に呼びかけたのであった。そして、もしもだれもそれを解くことができなかったら、三ヵ月後に自分が印刷して発表しようと思っていた。その問題は次のようなものであった。

㈠　ルーレットの弓形、すなわち、曲線と軸と底線に平行な弦の間の面積を求めること。
㈡　その重心を求めること。

サイクロイドに関する研究のノートの余白にパスカルがかいた図

㈢　それが軸の周りを回転することによって生じる立体の体積を求めること。
㈣　それが底の周りを回転することによって生じる立体の体積を求めること。
㈤　これらによって生じる立体の重心を求めること。
㈥　この立体がその軸を含む平面によって切られたとした時の立体の重心を求めること。

しかし、パスカルはすぐにこれらの問題の中の㈠から㈣まではすでにロベルヴァルによって解かれていたのを知った。そこで、パスカルは㈤、㈥の二つの問題がコンクールの問題であると改めた。このコンクールに参加した数学者の中には、ロンドンのセント・ポール寺院の建造者であるレン、リエージュの大聖堂参事会員であるド＝スリューズ、ホイヘンス、オクスフォードのウオリス、トゥールーズのラルエール神父などがいた。しかし、これらの人々はだれも正解することができなかった。一六五八年一一月二四日、カルカヴィが主席となった審査員たちによって、だれも解けなかったという判定がなされた。そこでパスカルはその年の一二月に、カルカヴィに宛てた手紙の中でみずからの解法を示したのであった。この手紙の中には「三線形論」、「四分円の弦の理論」、「円弧論」、「サイクロイド一般論」というような論文も同封されていた。

パスカルはなぜ再び数学を研究するようになったのであろうか。一六六〇年八月一〇日フェルマに宛てた手紙の中で、パスカルは「幾何学は精神のもっとも高度な使用である。しかし同時に私はそれを非常に無益なものであることも知っている。だからわたくしは単なる幾何学者とすぐれた能力ある職人の間には何ら差異はないとしている。わたくしは幾何学者を世界でもっともりっぱな職業の人と呼ぶが、しかしそれは要するに一個の職人でしかないのである」といっている。それは無益であるかも知れない。しかし、この無益なものも世の栄光を得るに役立つものなのである。六〇ピストルの賞金を賭ける時、パスカルは自分の唯一《ゆいいつ》の目的はその解法を発見した人に公の名誉を与えること、もしくは、学者の功績を宣言することであるといっている。このことから、パスカルがまだ世間的な名誉ということにいかに執着していたかということが察せられるのである。パスカルが数学に再びもどったのは決して数学が好きであったからという単純な理由からではなく、むしろ、それはパスカルにとっては「一時的な幸福なあやまち」であったのだろう。

ところで、パスカルがサイクロイドの問題に関して使用した方法には積分法が含まれていた。ドレェグが一八六九年に指摘したように、パスカルの方法の中には積分法の真の創始者と呼ぶにふさわしいものがあったのである。パスカル以前にも積分学に属する面積や体積を求める問題はアルキメデスの窮極法《きゅうきょく》やカヴァリエリの不可分法によって解くことは可能であった。しかし、無限小の、無限に大きい数の和の極値をきわめて厳密な方法で決定できたのはパスカルがはじめてであって、このような発見はライプニッツに影響をおよぼしたのである。ライプニッツはデットンヴィルの手紙を読んで「わたくしは突然光を受けた。」といっている。ライプニッツはパスカルの「四分円の弦の理論」を読み、また、無限に小さいとされているその「特殊三角形」を考察することによって微分の正確な概念に到達したのであるといっている。パスカルのサイクロイドについての業績はこのように後世に大きな影響を与えたのであった。

魂の指導者パスカル

すでに述べたようにパスカルは『プロヴァンシャル』の第一九番目の手紙を完成しないままにして筆をおいた。その理由についてはすでに述べたが、他の考えられる理由の一つに、パスカルの内面の生活が深くなり、ますます徳が完全に近づいて行くにつれてみずからも、また論敵もより公平に物事をみることができるようになり、単に論争において勝つことが自分自身にとっても、ポール-ロワイヤルの人々にとっても何ら利益をもたらすものではないとさとったからであろうということがあげられる。また、パスカルは謙虚《けんきょ》さと愛とが論争においては傷つけられ、真理のためにはそのようなことは何ら益することのないことも知ったのであろう。しかもその論争は、人を回心させるためのものというよりも、むしろ、ただ人を楽しませるものであったのである。このように悟ることによって、パスカルは謙虚と愛の徳を実践し、みずからが得た光明を他の人々にも与えてその幸福に役立てようと考えたのである。またパスカルのこのような考えを促進させたものに、ロアネス公の妹、ロアネス嬢との文通があった。それは一六五六年以来のものであったが、パスカルの情熱的な手紙が世をすてることに不安をもっていたロアネス嬢をポール-ロワイヤルに入るようにさせたのであった。一六五六年九月の第一の手紙でパスカルは次のようにいっている。

わたくしはあなたの苦しみのそのはじまりが一体何であるかわたくしにはわからないと申し上げなければなりません。しかし、わたくしはそれは起こるべくして起こっているということを知っております。それは回心することによって、その中の古い人間を打ちこわすすべての人の状態なのです。また、それは新しい天と新しい地に代わるための破壊される全宇宙の状態なのです。

世間から退くための神のお召しをもっているかどうかを試みるべきではなく、世間にとどまるためのお召しをもっているかどうかを試みるべきであります。なぜならば、ペストにとりつかれた家や、あるいは火をつけられた家から出るように呼ばれているかどうかをだれも相談しないからであります。

また、第二の手紙（一六五六年九月二四日）では次のように述べている。

わたくしたちは苦痛なしには決して解脱《げだつ》されないということは確かです。わたくしたちは、わたくしたちをひくものにみずから進んで従って行く時には何ら拘束を感じません。しかし、一度それにさからったり、遠ざかったりいたしますとわたくしたちは苦しむのです。わたくしたちはこの苦しみとの戦いを生涯忍ぶ決心をしなければならないのです。この戦いは人間においては苦しいものということができます。しかし、神の前ではこの戦いは平和であるといえましょう。

パスカルはロアネス嬢をこのようにしてはげました。パスカルの言葉はロアネス嬢にとっては常に勇気の源泉であった。彼女は後に、その母のひきとめるのもきかずにポール－ロワイヤルに入ったのであった。

『パンセ』

パスカルはみずからを魂の指導者として自覚し始めていた。そして、いよいよ以前から計画していた著作にとりかかろうとしたのであった。それは、無神論者をただ混乱におとしいれるためのものではなく、無神論者をして回心に導くためのものであった。また、先のポール－ロワイヤルでの奇蹟もパスカルに多くの思索をさせ、それが、この著作の出発点をなしている。

パスカルはこの著作のために繰り返して聖書や神父たちの著作、とりわけ聖アウグスティヌスの著作を読んだ。さらに、一三世紀にユダヤ人とアラビア人のためにドミニコ会士、レエモン＝マルタンが書いた『信仰の剣《つるぎ》』を読んだ。しかも、パスカルはこれらをただ読むだけでなく、深く考えをめぐらせたのであった。自分が読んだものを外に発表する前に、まず自分の心の中でよく整理してみることがパスカルの習性であったからなのである。一六五八年の五月頃、パスカルはこの著作の大体の輪郭を構想し、それをある日、ポール＝ロワイヤルの講演会で発表した。その講演は二、三時間もかかった長いものであった。それはポール＝ロワイヤルの人々をすっかり魅了した。かれらにとってそんなに美しく、力強く、また説得力に富んだものはそれまで聞いたことがなかったからであった。しかし、パスカルはついにそれを完成しなかったのである。この年にパスカルの病勢は悪化したたし、またパスカルには一度書いたものを何度も推敲《すいとう》する癖《くせ》があったからなのである。パスカルは絶えず苦痛と戦いながら紙片に心に浮かんださまざまな考えを書きつけるのであった。パスカルが構想した著作――それは『キリスト教弁神論』であり、後に『パンセ』として編集されたものである――は本格的に仕事にとりかかる前にペンを奪われてしまったのであった。

内面的完成

パスカルの病気による衰弱は、その周囲の人々に非常な同情の念をひきおこした。その苦痛は普通の人ならば耐えることのできないもののようであった。しかし、パスカルはそれにほほえみながら耐えていた。このようなことは、その周囲の人を教化したのであった。パスカルは他人に同情されたくなかった。パスカルはみずからもうなおらないようにおもうと断言した。また、「わたくしは健康の危険と病気の喜びを知っている。」ともいった。キリスト者としてのパスカルはその病気の中に大きな幸福さえも感じていたのであった。

パスカルはこうして病気によって、かえってその内面的完成へと進もうとしたのであった。パスカルにとっては、神の戒律に従うことだけでは満足できなかった。われわれが神をうやまうためになすことを、真実に、また完全に欲するように、心情を改めることを義務としなければ満足できなかったのである。パスカルは生来激しい気質であり、すべてにおいて秀でようとする気持ちや、野心、傲慢《ごうまん》、反抗への傾向を多くもっていた。また同時にパスカルは激しい愛情をもち、怒りやすく、皮肉をいう傾向ももっていた。さらに、かれは学問に対してはそれに専心している時にはそれ以外のすべてのことを忘れてしまうような情熱をもっていた。したがって、このようないっさいの傾向や情熱を失わせてくれる病苦は、キリスト者としてのパスカルにとっては、むしろ幸いであった。また、それは禁欲によっても促進された。パスカルにとって禁欲は人間の高い部分をより高めるのに役立つものであり、禁欲を否定することは人間の低い部分の発達を認めることでもあった。パスカルの内面的完成はこのようにして行なわれた。さらに、パスカルは、内側に針のついた帯を肌に直接あててしめていた。それは、つまらない考えが浮かんで来た時、ひじで帯を打ち、自分の肉体を痛めてその考えを追放するためであった。また、パスカルは味覚を楽しませるものをいっさい拒絶した。キリ

パスカルの遺品「キリスト像」

ストをまねてみずからを貧しいものとし、貧しいものを心から愛した。そして施しをするためには借金さえもしたのであった。パスカルのこのような生活はもっとも敬虔《けいけん》な聖職者ですら驚歎したほどであった。こうして、かつてパスカルがもっていた短気な気性はその姿を消し、パスカルに反対する人やさからう人たちに対してもきわめて柔和な態度をとるようになった。また、パスカルは自分の身内のものに対する深い愛情が執着のようなものにならないように警戒しさえもした。また反対に、自分が愛着をもたれることも欲しなかった。パスカルは「わたくしはいかなる人の目的でもない。なぜならばわたくしは死ぬであろうからである。」といっている。

イエスとの対話

パスカルは聖書を読むことに非常な喜びを感じていた。パスカルはそれを繰り返してすっかり暗誦するまで読んだ。特に好んだ箇所は「あなたのしもべの日は何時まで続くでしょうか。いつあなたはわたくしを迫害するものをさばいて下さるのでしょうか」という詩編の一一九編―八四であった。そして、イエスの慈悲を祈り求めるパスカルは、ついに「イエスの秘儀」の中のイエスの次のような言葉を聞くのである。

汝、心慰めよ。もし汝がわれを見いださなかったならば、汝はわれを求めなかったであろう。

われはわが苦悩において汝をおもった。われは汝のためにかくばかりの血を流した。

汝がまだ目の前にないことを、また、あれこれとよくできるか否かを案ずることは、汝を試すことより、むしろわれを試すことである。われは、それが起こった時は汝の中でそれを為《な》すであろう。

汝の回心——それがわれのなすべきことである。恐れてはいけない。わがために祈るように信頼をもって祈れ。

医師は汝を癒《いや》さないであろう。なぜならば、結局汝は死ぬであろうからである。しかし、汝を癒し、汝の肉体を不死にするのはわれである。

われは汝にとってだれよりも一番親しい友である。なぜならば、われは汝のためにだれよりも多く為したからである。そして、かれらはわれが汝のことで苦しむことを苦しまず、汝が不誠実であり、また残忍であった時、汝のためにわれが死んだように死なないであろう。

このようなイエスの言葉にパスカルは次のように答える。

主よ、わたくしはあなたにすべてを捧げます。

その時、イエスはいう。

われは汝が汝のよごれを愛するよりも、もっと熱烈に汝を愛するであろう。よごれたがために。

ここには神の愛をひたむきに求めるパスカルの姿がみられるのである。

ジャクリーヌの死

一六五七年の聖なる荆の奇蹟以来、信仰宣誓文の署名問題は一時延期されていたが、一六六〇年には事情はすべて変わっていた。そして、ジャンセニストに対する厳しい措置がとられるようになってきた。ポール－ロワイヤルの学校は閉鎖された。信仰宣誓文がまた持ち出された。聖職者会議はそれに署名することを要求しようとしていた。また、一六六一年にレッスの一揆《き》が起こったが、それの結末をつけようとした宮廷は、ポール－ロワイヤルをその一揆に関係があるものとみなし、ポール－ロワイヤルのすべての修道士を追放しようとしていた。

ところで、信仰宣誓文は二人の司祭総代理が署名を命じたのであるが、事実、ポール－ロワイヤルに好意的であった二人は、六月一九日に教書を発してきわめて巧みに信仰宣誓文の中の事実を少しやわらげて事実問題と法規問題の区別を認めたのであった。この教書の作成にはパスカルも協力したと考えられている。したがって、アルノーもサングランもその署名には同意したのである。しかし、ポール－ロワイヤル－デーシャンの修道女たちはそれに抵抗を示した。なぜならば、信仰宣誓文は事実問題をあまりにも明瞭に認めていたからであった。修道女の中でも特に激しく反対をしたのはジャクリーヌであった。ジャクリーヌはアンジェリックに長い手紙を書き、教書を非常に無遠慮《ぶえんりょ》に批判し、また彼女の不安も述べた。すなわち、その署名によってジャンセニウスを、さらには聖アウグスティヌスを誹謗することになるのではないかと恐れたのであった。ジャクリーヌは「教書は真理を否定することなしに嘘《うそ》に同意させようとしている。わたくしは真理をまもるのはわたくしたちに属してはいないということをよく知っている。しかし、神父たちがわたくしたちのもつべき勇気をもっているのであるから、わたくしたちも神父たちがもつべき勇気をもたねばならない。もし真理を守ることがわたくしたちのことに属していないとしても、真理のために死ぬのはわたくしたちの仕事である。」といってその決意のかたさを示した。すでにパリのポール－ロワイヤルは署名していた。そして、ついにジャクリーヌもアルノーの権威に押されて署名したのである。ジャクリーヌにとってそれは魂の死を意味していた。それから三カ月の後、一六六一年一〇月四日にジャクリーヌは他界した。彼女はその時三六歳であった。その良心に反して行動した苦しみが彼女を死においやったのであった。ジャクリーヌを心から愛していたパスカルは、その死の知らせを聞いた時ただ一言次のようにいった。「神が同じようによく死ぬ恵みをわたくしにも賜《たま》わらんことを。」

信仰宣誓文の署名の問題は、しかしながらそれだけでは解決しなかった。七月九日の国王の勧告によって法王は親書を出して先の教書を認めないことにした。そして新しい教書が出されたのであった。ここでは法規問題と事実問題の区別なしに署名しなければいけないとされていた。ポール-ロワイヤルの修道士たちは結局署名はしたが、しかし、同時にこの署名は無効であると宣言した。だが、パスカルはそのような態度を認めなかった。アルノーやニコルはこのパスカルの考えとくい違っていた。パスカルは今度は事実問題と法規問題との先のような巧みな区別を断固として退けたのであった。そして、無条件で信仰宣誓文に署名することは、ジャンセニウスや聖アウグスティニスを誹謗することであり、また、それは同時に有効なる恩寵を誹謗することであるといって反対した。パスカルは、こうしていっさいの妥協の道をしりぞけたのであった。真理のために戦うパスカルの中には死んだジャクリーヌがのりうつっているかのようであった。

パスカルはポール-ロワイヤルがみずからを保持したいために節操をすてて迎合することを恐れていたのであった。パスカルにとってたいせつなことは、ただ神に服従することであった。そのために自説をまげず、また、そのためにはどのような結果になってもかまわなかった。パスカルは「ポール-ロワイヤルは恐れている。それは悪い行き方である。」といって非難したのであった。しかし、アルノーとニコルの意見に従って、一つの条件をつけてポール-ロワイヤルの人々は署名しようとした。パスカルはその時次のようにいっている。「わたくしはかれらの意見がふらついているのを見た時、わたくしは非常な苦痛におそわれて、それにほとんど耐えることができなかった。かれらはといえば、かれらに神が真理を知らしめた人々であり、その真理をまもらねばならない人々であるのに。」

政治について

晩年のパスカルには政治に関する業績がある。かれは常に政治に関心を抱いていた。ペリエ夫人によれば、パスカルは「共和国では国王をそこにおこうとすることは大きな悪であり、神が人々に与えた自由を抑圧しようとすることは悪である。また、王権の確立されている国において国王に捧《ささ》げる尊敬を欠くことは一種の冒瀆《ぼうとく》である。なぜならば、神が国王に与えた権力は神の権力の像であるばかりでなく、神の権力への参与であるからである。」という考えをもっていたという。また、パスカルは一六五九年の末、もしくは一六六〇年の初め頃、当時一四歳であったリュイィヌ公の長男と思われる少年に政治について三つの説話をなしている。それは今日『貴族の身分についての三つの説話』としてニコルによって伝えられているものである。パスカルは第一の説話では「あなたが富をもち、その支配者であるということには偶然性が少ないと考えてはいけない。あなた自身からいっても、あなたの本性からいっても、それをもつ権利は何らもたないである。」といっている。また、第二の説話の中では「世の中には二つの種類の偉大がある。なぜならば制度の偉大と本来の偉大があるからである。前者は人間の意志にもとづく、階級や身分の偉大であり、それには制度上の尊敬を払うべきである。本来の偉大には、学問、徳などがあるが、それには本来の尊敬を払わねばならない。しかもこれは心服のうちにのみあるのである。王様にはひざまづいて語らなければならない。しかし、わたくしはあなたが公爵だからといって心服する必要はないのである。」また、第三の説話では次のようにいっている。「神は愛に満ちた人々によって囲まれている。神はまさに愛の国王である。あなたは欲望に満ちた人々によって囲まれている。あなたは欲望の国王である。だから、人々を力によって支配しようとしてはいけない。かれらの欲望をみたしてやらなければならないのである。また、愛の国王を慕わなければいけない。」

ここにおいて、パスカルが示しているのは愛の道である。パスカルはこうして愛と秩序とを人間社会に関しても説くのである。ここにも晩年になってただひたすらに神へと向かうパスカルの姿があらわれているといえよう。

パスカルの最期

一六六一年六月にはパスカルの病勢はつのるばかりであった。その頃、パスカルは自分の家に貧しい一家をひきとっていた。その子どもの一人は水疱瘡《みずぼうそう》であった。このようにパスカルは、ますます神が愛した貧しい人を愛するようになっていた。姉のペリエ夫人は毎日パスカルの看病に来たが、水疱瘡がその子どもたちに伝染することを恐れた人々は、その水疱瘡の子どもを隔離することを望んだ。しかし、パスカルはそれに反対し、自分でペリエ夫人の家に移ったのであった。

パスカルの病苦は増大するばかりであった。激しい腹痛がパスカルをおそっていた。しかし、かれはそれをじっと耐え忍んでいた。一六六二年八月三日、やや小康を得たパスカルは遺言状をしたためた。パスカルに仕えた貧しい女やペリエ夫人に仕えた人や姪《めい》のペリエの乳母に至るまで遺贈を忘れなかった。また、パリの公衆病院にもその財産の一部を贈ることにした。

自らの臨終を意識したパスカルはしきりに聖体拝受を願った。しかしパスカルの衰弱はひじょうに著しかったので、医師たちがそれを拒否した。パスカルは今度は貧乏な病人を自分のそばにおいて、自分と同じように看護を受けさせてやりたいと望んだ。それは最後までイエス＝キリストのように貧しいものを愛したいと思っていたからなのであった。しかし、この望みもなかなかかなえてもらえなかった。そこでパスカルは最後に貧乏な人といっしょに死ぬことを願い、廃疾者救済院に行きたいというの

マルグリット＝ペリエ

であった。

八月十七日には、頭痛がいよいよ激しくなり、医師が呼ばれたが、医師はそれは何も心配する必要はないと断言した。しかし、パスカルはその言葉を信じなかった。パスカルは何度かくり返してブウリエ師を呼んだ。しかし、ブウリエ師は不在であった。その代わりにサント＝マルト師が呼ばれ、パスカルは懺悔《ざんげ》をし、さらにそばに一晩中いてほしいといった。パスカルは真夜中頃激しい痙攣《けいれん》におそわれた。人々はそれでパスカルが死んだと信じたほどであった。その痙攣がやむとパスカルは明瞭な意識にもどった。その時秘蹟を授けようと部屋にブウリエ師が入って来ていった。「さあ秘蹟の拝受です。」パスカルはそれを受けるために半分ほど起きあがりうやうやしく拝受した。それから司祭が信仰の秘儀について質問をするとパスカルは「わたくしは心からそれを信じます。」と答えた。それからパスカルは「神がわたくしを決しておすてにならないように」といった。それが最期の言葉であった。それは一六六二年八月一九日午前一時であった。パスカルは三九歳と二カ月の生涯をこのようにして閉じたのであった。

われわれはイエス＝キリストによってしか生と死を知らない。イエス＝キリストをほかにしては、われわれはわれわれの生が何であり、われわれの死が何であるかを、また、われわれ自身が何であるかを知らないのである。（パンセ　五四八）

Ⅲ パスカルの人間論的思想

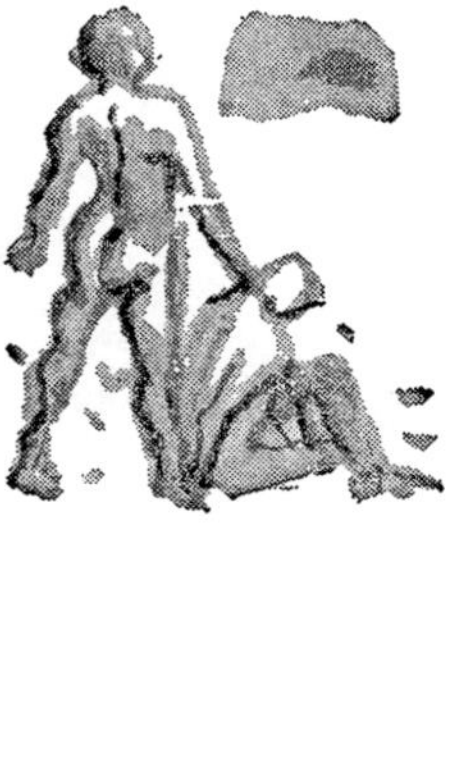

幾何学の精神と繊細の精神

二つの精神

パスカルが「幾何学の精神」と「繊細《せんさい》の精神」の「二つの精神」を考えたことは、思想史的にも重要であり、直接にはデカルトに反対したことになる。しかし、それだけではなく、人間論的にみても鋭い指摘であり、今日のわれわれにとっても切実な問題である。

パスカルは『パンセ』でつぎのように書いている。

「幾何学の精神の原理は明らかであるが、普通ではあまり使われない。だから、人がその方へ顔を向けることはむずかしい。そういう習慣がないからである。しかし、少しでもその方へ顔を向ければ、原理は十分に見える。ほとんど見のがすことができないほど大きな、これらの原理にもとづきながら、誤った推理をするには、まったく不精確な精神を持っていなければならないだろう。」

「しかし、繊細な精神は普通に使われていて、すべての人の目の前にある。顔を向ける必要はない。努力することもない。ただ、よい目を持つ。それだけのことである。だが、よい目は持たなければならない。というのは、それらの原理は非常に微妙で、また数多くあるから、見落とさないということはほとんど不可能であるからである。ところで、一つの原理を見落としても、誤りに陥ることになる。だから、すべての原理を見るためには、明らかな目を持つこと、それから、知っている原理の上で誤った推理をしないために正しい精神を持つこと、これが必要である。」

人びとはこの二つの精神のうち、一つの精神だけを持っている場合が多い。

「幾何学者が繊細であることも、繊細な人が幾何学者であることもめったにない。幾何学者は繊細な事物を幾何学的に取り扱おうとし、定義から始めて、つぎに原理によって推理しようとするが、それは滑稽《こっけい》なことになる。そういうやり方はこの推理ではしてはならないことである。精神が推理をしないというのではない。ただ、精神はそれをだまって、自然に、技巧なしに行なう。それは万人にできることではなく、それを感得できるのはわずかな人だけである。」

「その反対に、繊細な人びとは、ただ一目で判断することになれているから、わからない命題を出されると、それにはいって行くには、いくつかの空しい定義や原理を通過しなければならないが、かれらはそういうものをくわしく見ることになれていないので、非常に驚いて、尻《しり》ごみし、いやになってしまう。」

「しかし、誤った精神の人びとは決して繊細でもなく、幾何学者でもない。」

パスカルはこの「二つの精神」を『愛の情念に関する説話』でつぎのように素描している。

「二種類の精神がある。一つは幾何学の精神であり、もう一つは繊細な精神とよばれるものである。幾何学の精神は、ゆるやかで、堅くて、撓《たゆ》みがたい目を持っている。しかし、繊細の精神は、柔軟な思想を持

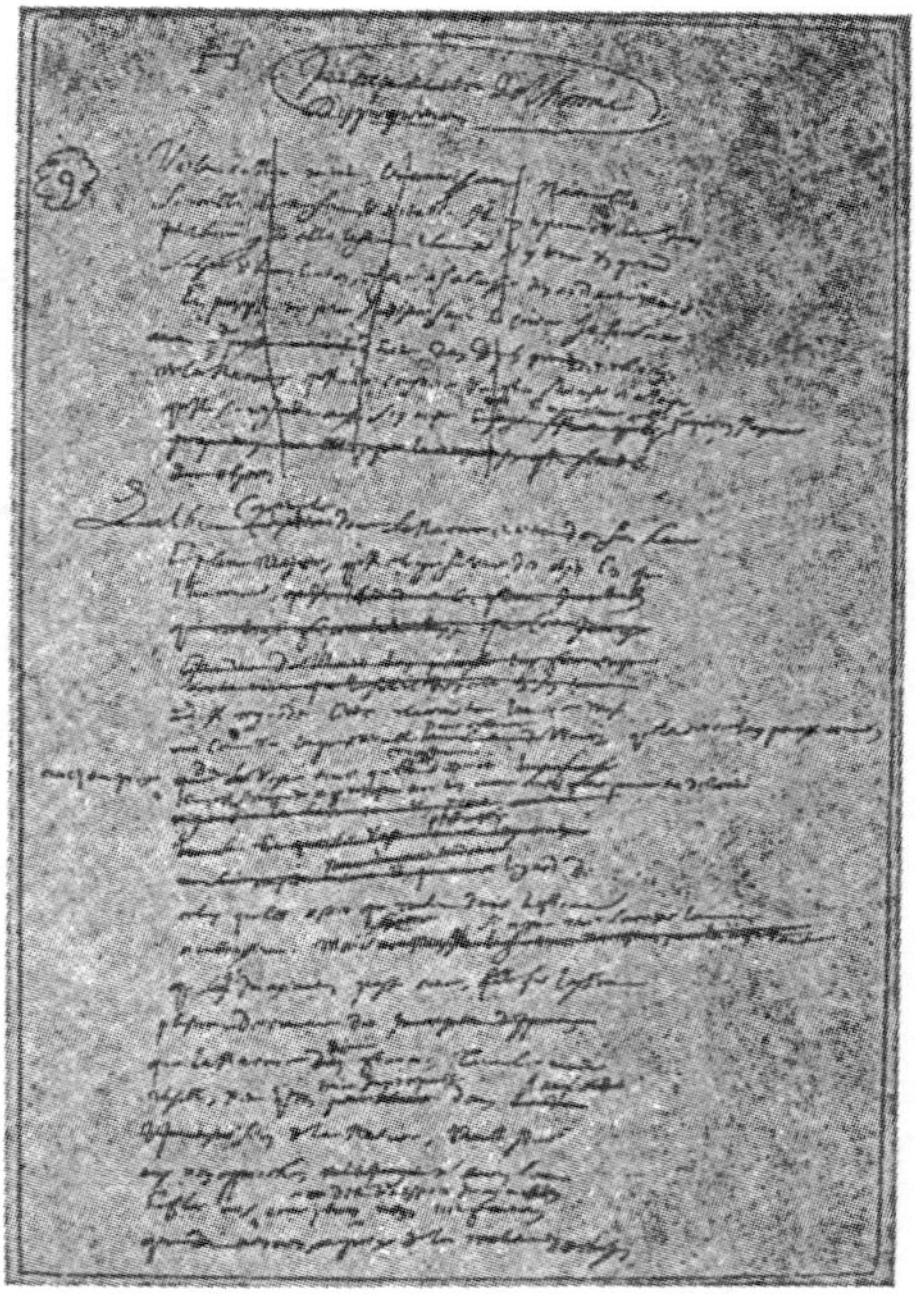

『パンセ』の草稿

ち、これを愛するものの、いろいろの愛すべき部分に対して同時に適応する。繊細の心は、目をもって心にまで達し、外部の動きによって内部におこることがらを知る。幾何学的の精神と繊細な心とを共に持つとき、愛はなんと喜びを与えてくれることであろう。なぜなら人は心の力と柔軟さとを同時に持つことになる。そうしてそれは二人の者のかわす雄弁にとって大変必要なものである。」

以上の、「二つの精神」についてのパスカルの説明にはいくらかわかりにくい所もあるが、まとめれば、つぎのようになるだろう。

「幾何学の精神も繊細の精神も、いずれも原理から正しく推理する能力を含むことが必要であるが、原理の直観そのものにおいては、幾何学の精神が直接の生の体験を離れて、単純明白な公理に向かうのに対し、繊細の精神は人間の世界の微妙な動きの直観、「よい目」を持っている。幾何学者の直観は価値を離れて客観を分析して達せられる単純者の直観であるが、繊細の精神は生の価値評価を離れず、複合的な全体を一目で見るのであり、愛して知るのである。」

デカルトと「幾何学の精神」　パスカルはデカルトとかなりの共通点は持っているが、思想的にみればデカルトの反対者といっていいだろう。パスカルからみれば、デカルトは「幾何学の精神」は知っているが、「繊細の精神」を知らない、あるいは持っていないということになる。デカルトの哲学は理詰めに考えられ、構築されていて、「繊細の精神」が抜けている。この点についてパスカルは不満であり、反対であった。

たとえば、デカルトは『情念論』において、「涙の原因について」つぎのように説明する。

「笑いが非常に大きな喜びによっては決して起こらないのと同様に、涙は極度の悲しみからは起こらず、ただ、愛または喜びの感情を伴うか、あるいはそれに伴われている中程度の悲しみから起こるにすぎない。そこで涙の原因をよく理解するためには、つぎのことを注意しなければならない。人体のどの部分からも絶えず多量の蒸気が出ているが、しかし目ほどたくさん蒸気の出る所はない。これは視神経の太いことと、涙の通路たる小動脈が非常に多くあるためである。また注意すべきは、汗が蒸気から成るものであり、蒸気が他の部分から出てその表面で液体に変化するのと同様に、涙もまた目から出る蒸気から成っていることである。」

これは涙の出ることの生理的説明にはなるかも知れないが、「涙」そのものの理解は欠けている。この説明では人間は蒸気ポンプと同じことになってしまう。人間の「悲しみ」や「涙」は「繊細の心」によらなければ理解されないが、その点がデカルトには欠けている。パスカルがデカルトに反対するのはその点であって、両者の思想は異質的である。

哲学史上における「二つの精神」

元来、哲学は論理によって形作られるものである。だから、主として「幾何学の精神」によって組み立てられる。「繊細の精神」による仕事は主として文学にまかせられる。哲学も文学も同じく「人間性」を追及するものでありながら、しばしば哲学と文学との分裂が見られる。もっとも、同時代の哲学と文学とは、表現は異なりながらも、結局同じ問題を追及している場合が多い。たとえば、ヘーゲルの『精神現象論』とゲーテの『ファウスト』『ヴィルヘルム＝マイスター』との間にはいちじるしい類似性が指摘されている。両者ともしつように「人間形成」を追及している。

ところで、哲学の内部に立入ってみると、哲学は主として論理によって形作られるとはいうものの、「繊細の精神」による哲学がないわけではない。ギリシアではストア主義とエピクロス主義とがその一例である。ストア主義は「幾何学の精神」によって、人間の欲望をおさえつけようとするものであった。エピクロス主義はむしろ「繊細の精神」を足場として、人間性を生かそうとした。ストア主義とエピクロス主義との二つの潮流は、哲学史全体を通じて流れている。モンテーニュはエピクロス主義を受けついだものであった。しかし、哲学史では「幾何学の精神」による哲学が表街道、「繊細の精神」の哲学は裏街道とみられている。

パスカルは「二つの精神」、ストア主義とエピクロス主義との両者の影響をうけ、両者を理解しながらも、両者と対決して、結局キリスト教に帰着した。アウグスティヌスが『告白』のはじめでいっている言葉、「あなた（神）はたしかに、わたくしたちをあなた自身に向けて創《つく》り給《たま》うたので、わたくしたちの心はあなたの中にいこうまでは、安きをえない」が、パスカルの安住の地であった。

カントと「幾何学の精神」

カントは元来自然科学者であって、自然科学から哲学へ進んだ人である。したがって、カントの哲学における考え方も自然科学的であって、理詰めに考えられている。つまり、カントの哲学は「幾何学の精神」によって貫かれている。

カントの哲学説の中から「道徳論」を取り出してみよう。カントによれば、人間の行為が自然に行なわれたものは道徳的とはいえない。いちいち「これをするのはわたくしの義務である」と考えて行なうのでなければ道徳的とはいえない。ずいぶん窮屈《きゅうくつ》な考えだが、カントなりの意義はあった。それは、封建道徳に抵抗し、近代道徳を確立したということである。封建時代においては道徳は自己の外部できめられ（西洋ではカトリック教会）、自分の考えを棄てて、あるいは持たずに、その道徳に従わねばならなかった。盲信が道徳であり、疑う、あるいは自分で考えることは罪悪であった。モンテーニュやデカルトの懐疑論も、そういう意味で封建道徳に抵抗したものであった。カントのいう「義務」とは、外部から押しつけられたものでなく、自分がこれは正しいことであるからしなければならないと考えること、つまり道徳は自分の内にあるということである。『実践理性批判』の最後を飾る美しい言葉、「わが上には星ある空、わが内には道徳律」も、そういうカントの確信を言い表わしたものである。これは近代道徳の礎石を置いたものである。

ところで、カントの道徳説の意義は理解した上でも、やはり物足らなさを感じる人も多いだろう。そこには「繊細の精神」が欠けているからである。カントの同時代人で、そういう不満を表明したのは、詩人のシラーであった。シラーは半カント派といわれ、カント哲学全体に反対したわけではないが、道徳説には不満であった。シラーには「良心の咎《とが》め」という詩がある。その詩でシラーは、「私は友人のために尽《つく》したいと思うがどうしたらいいか。まず友人を憎み、その上で友人のために尽さなければならない。」とカントに対して皮肉をいっている。シラーは詩人だけあって、「繊細の精神」に富んでおり、こういう皮肉も出てくるわけである。道徳の問題でシラーが考えたのは、「美しき魂」である。「美しき魂」とは、その人の性格全体が道徳的であって、ひとつひとつの行為について、これは義務であるなどと考えなくても、自然に行なう行為が道徳にかなうというものである。いかにも詩人らしい考え方であり、「繊細の精神」にもとづいている。

中国の孟子に「惻隠《そくいん》の情」という説があって、性善説の根拠になっている。もし子どもが井戸に落ちそうになったら、誰でもとっさの間に助けるではないか。子どもを見殺しにはしないだろう。人間の性はやはり善であるというもので、素朴ではあるが、「繊細の精神」がその基礎にある。

一九世紀の「二つの精神」

デカルトとパスカルとの対立で見られるように、一九世紀にも同じような「二つの精神」があった。ただし、一七世紀と一九世紀とでは、思想状況はかなり異なる。一七世紀は資本主義の上昇期であり、全体として思想状況は健康であった。パスカルの時代のフランスは動乱期にあったとはいうものの、一九世紀のような資本主義の矛盾に直面した時代とは性格を異にしている。

デカルトとカントの哲学は「幾何学の精神」によって構築されており、近代的自我を確立したものであった。政治・経済的にもドイツはフランスよりおくれていたが、それに応じて、思想的にもおくれており、近代的自我の確立もおくれて行なわれた。ドイツでは、カントからヘーゲルにいたるドイツ観念論が、哲学史的に一つの頂点であるが、それらの哲学は合理主義的であり、「幾何学の精神」による哲学ということができる。ところが、一八三一年にヘーゲルが死に、一九四〇年代からヘーゲル批判がはじまり、その後「ヘーゲル哲学の没落」と称せられる現象があった。そして、ヘーゲル哲学の没落が哲学の没落と考えられ、哲学は一九世紀末葉から発達した新カント主義につながる。普通の哲学史は哲学の不毛の時期とみる。しかし、このようなみ方による「哲学」は、実は「幾何学の精神」による哲学にほかならない。一九世紀の哲学も「二つの精神」の立場から見る必要がある。普通の哲学史は「幾何学の精神」による哲学だけを哲学と見がちであるので、とかく「繊細の精神」による哲学を見のがしがちである。一九世紀の哲学についても同じことがいえる。

一九世紀にも「幾何学の精神」の哲学に対立する「繊細の精神」の哲学があった。一九世紀中葉は必ずしも哲学不毛の時期とはいえない。かえって、ユニークな、個性的な哲学が生まれている。名前をあげれば、ショーペンハウエル、シュティルナー、キルケゴール、マインレンデル、ハルトマン、ニーチェ、ファイヒンガーなどがこの系列の哲学である。概括的にみれば、「纎細の精神」の哲学、非合理主義の哲学といえる。普通の哲学史は「幾何学の精神」の哲学を表街道と見、「纎細の精神」の哲学を裏街道と見て、軽視し、あるいは無視する。しかし、「纎細の精神」の哲学が価値が少ないということはない。かえって、「幾何学の精神」の哲学はよそよそしさを感じさせるが、「纎細の精神」の哲学は人びとにじかに訴えるものがある。「纎細の精神」の哲学の中で、キルケゴール、ニーチェは実存哲学の立場から高く評価されているが、歴史的位置づけを飛ばして評価している傾向がある。「幾何学の精神」の哲学に対抗して、「纎細の精神」の哲学の生まれる原因は人間の中にある「二つの精神」にもとづいている。哲学史を見る場合にも、この視点を見失ってはならない。それは「人間性」を十分に追及するということである。そういう意味で、一九世紀の哲学は書きかえられなければならない。一九世紀の「纎細の精神」の哲学が直接パスカルの影響を受けたということはあまりなさそうだが、一七世紀から一九世紀までの哲学史を見るとき、「二つの精神」の哲学の潮流をみることができる。

ただし、前にも述べたように、一七世紀と一九世紀とは社会状勢、思想状況が異なる。一九世紀においては、資本主義の矛盾が明瞭に現われてきて、デカルト、カントの近代的自我では処理しきれなくなってきた。労働運動も盛んになり、いわゆる「大衆社会現象」も生じてきた。ニーチェの「超人思想」も大衆社会現象に対する批判である。近代社会の崩壊、近代思想の行き詰まりが生じ、「不安」が中心問題になってきた。ニーチェやキルケゴールの「不安の哲学」も、そういう思想状況から生まれたものである。いわゆる「ヘーゲル哲学の没落」も、「幾何学の精神」の哲学の通用しなくなったことを示すものである。普通の哲学史はこのことを理解していない。だから、表街道だけを見ていることになる。

一九世紀の「繊細の精神」の哲学の中にはパスカルの精神が生きている。一九世紀に「二つの精神」の哲学の二潮流のあったことも、掘り下げてみれば、人間性には「二つの精神」があることに帰着する。そして、このことを発見し、明瞭に説いたのはパスカルである。

エデリンクのパスカル像

パスカルと自動機械

パスカルは、人間に「二つの精神」のあることを明らかにしたが、また「自動機械」にもたとえている。

「自分を見失ってはならない。われわれは精神であるとともに自動機械である。したがって、人を納得させる方法は証明だけではない。証明されることは何と少ないことだろう。証明は精神を納得させるだけである。習慣はもっとも力強い、またもっとも信頼される、多くの証明を与えてくれる。習慣は自動機械を動かして、精神を知らず知らずに引きずって行く。」

　自動機械といえば、ラ＝メトリの『人間機械論』を思い出すが、その源流はデカルトにある。デカルトは精神は松果腺《しょうかせん》に座を占め、動物精気を通じて、身体に命令して身体を動かすと考えた。ラ＝メトリは、人間の精神は分泌物であると考え、デカルトよりは徹底していた。しかし、デカルトも実質的には「人間機械論」であった。パスカルの「自動機械論」は、デカルトやラ＝メトリの「人間機械論」とはかなり性質が異なり、習慣が人間を引きずって行く、暗い衝動や本能が人間をつき動かす、こういう人間の動物的側面を指摘したものである。

　パスカルは続いてつぎのようにいっている。「明日があるということや、われわれは死ぬものである、ということをだれが証明しただろうか。しかもこれ以上に信じられることがあるだろうか。だから、われわれにそれを納得させるのは習慣である。習慣こそ多くのキリスト教徒をつくっている。習慣がトルコ人、異教徒、職人、兵士などをつくっている。洗礼によって信仰に入る人は、トルコ人よりもキリスト教徒に多い。要するに、精神が真理がどこにあるかを知ったなら、習慣にたよるべきである。それは、たえず逃げて行こうとする信仰にわれわれをひたして、染まらせるためである。」

　パスカルのいう「自動機械」は「習慣に支配される人間」というほどの意味である。だから、信仰の問題でも習慣は大事であって、いちいち証明するというのではなく、習慣によって楽に信仰に入らなければならない。無理なく、技巧なく、議論もなしに、われわれの魂が自然に信仰におち込むようにしなければならない。

パスカルは人を信仰に導くために、人間の自動機械であることを強調し、楽に信仰に入れるようにしようとする。

さて、パスカルの「自動機械論」は、今日のわれわれにとっても、単に信仰の問題に関してだけでなく、生理学や心理学に関して多くの問題を投げかけている。

たしかに、「習慣」は大事な問題であって、何度も繰り返しているうちに肉体化して、一生抜けないものになる。心理学者によれば、子どもの頃に植えつけられた観念は一生抜けない。思想は棄てることはできるが、肉体は棄てることはできない。子どもの頃からキリスト教で育てられれば、何となくキリスト教徒になってしまい、一生変わらないだろう。だが、「習慣」は信仰の問題だけではなく、もっと広い、大きい意味を持っている。

パスカルの「自動機械論」は、二〇世紀のパブロフやフロイトの理論となって発展した。パブロフの理論は有名な「条件反射」であるが、パスカルの「自動機械論」を、実証的根拠にもとづき、さらに包括的にしたものである。「条件反射」の理論は犬の唾液《だえき》反射についての有名な実験がある。すなわち、食物（自然刺激という）を見れば犬は反射的に唾液を出す（無条件反射）が、ベルの音では最初は唾液を出さない。ところが、ベルの音と共に食物を与えることを数十回反復すると、ベルの音（条件刺激という）だけで唾液を出し、しかもその分泌量は食物のときとほとんど同じである。このような新しい反射の成立を「条件反射」という。この理論は犬だけではなく、人間にもあてはまる。パスカルが「人間は習慣に支配される動物である。」と考えたのはこのことにほかならない。パブロフから逆にパスカルをみれば、パスカルは「条件反射」によって、人を信仰に導こうとしたということになる。パブロフによって、その理論的根拠を与えられたということになる。

つぎは、フロイトの「精神分析」との関係の問題がある。「精神分析」の理論は、人間の意識界は氷山の一角のようなもので、その底に無意識の大きい領域がある。人間の意識界は無意識界によって動かされている。この理論もやはり、パスカルの「自動機械論」と関係がある。それによれば、論理的に証明できる事柄は少なく、それも表面的なもので、精神を納得させるにすぎない。人間には、もっと根の深い、「習慣」によって形作られる領域があり、それによってつき動かされている。パスカルの説き方は断片的であるが、フロイトもパブロフと同じように、実証的研究（主としてヒステリー患者の研究）によって、パスカルの理論を深めた。もっとも、パスカルとフロイトとの間には、ショーペンハウエルの「盲目的意志」、ハルトマンの「無意識」の理論があって、一つの系譜をなしている。パスカルの「自動機械論」はまだ素朴であるが、ショーペンハウエル、ハルトマン、フロイトと発展して行って、深化された。パスカルの理論もフロイトによって拡大され、緻密《ちみつ》なものになった。

このようにみてくると、パスカルの「自動機械論」も人間論にとって重要な指摘をしていることになる。

パスカルのいう「精神」と「自動機械」との二重構造は、人間性をするどくついている。今日の人間論における二重構造論への道を開拓した人である。

「繊細の精神」と社交生活

パスカルはもともと数学・物理学の研究からその研究生活を始めた。これは「幾何学の精神」にもとづくものであった。ところが、パスカルの中にはもう一つの精神、「繊細の精神」が住んでいた。この精神はかくれていたが、かれの社交生活を通じて現われてきた。パスカルは父の死（一六五一）と妹の出家（一六五二）の後数年間、宗教から離れて、世間的生活に入り、社交生活を送った。かれは社交界では縦横に話をあやつって人びとを煙にまいた。モンテーニュにも比せられるかれの才気は鋭い切れ味を持っていた。「幾何学の精神」と「繊細の精神」とはちがうが、同じ天才的な才気が両側面に現われたとみることができよう。社交界では女性たちにもてはやされ、また賭事《かけごと》にも熱心であった。人間と人間との関係では、「繊細の精神」の必要なことに気がついた。

パスカルは「幾何学者」と「繊細な人」とは異質であるといっている。

「幾何学者でしかない幾何学者は、人がかれらにすべてのことを定義や原理によってよく説明するならば、正確な精神を持っている。かれらは明らかにされた原理にもとづいてのみ正確である。また、ただ繊細でしかない繊細な人びとは、思索的・概念的な事柄の根本原理にまでさかのぼる忍耐力を持っていない。世間ではあまりそういうものにぶつからないからである。」

パスカル自身はこういう矛盾する二つの精神を持ちかつ理解できる人であった。数学・物理学の研究にあきてきて、人間の研究をはじめると別の精神が必要であることに気がついた。かれはつぎのように告白している。

「わたくしは抽象的な学問の研究に長い年月をついやした。そして、この種の研究では少しの人としか交流できないので、いやになった。わたくしが人間の研究をはじめると、それらの抽象的な学問が人間に適していないことに気がついた。そして、それを知らない人たちよりも、それに深入りしているわたくしの方が、一そうわたくし自身の状態について迷っていることを悟った。」

しかし、パスカルは一六五三年の秋頃から、ふたたび神への欲求を感じはじめた。社交生活に二、三年間身を任せていたが、その空《むな》しさを感じるようになった。そして、最後は宗教的生活にはいるのだが、かれの社交生活がむだであったとはいえないだろう。かれの一生において、数学・物理学の研究生活（これはほとんど一生を貫いていたが）、それから社交生活も通るべきコースであった。社交生活の空しさを感じたからといって、単なるマイナスではなく、それによって「繊細の精神」を理解することもできたし、かれの人間形成にとっては必要な一段階であった。

考える葦

パスカルといえば、人びとは「考える葦《あし》」を思い出す。「考える葦」がパスカルの思想を代表するような形になっている。

考える葦

『パンセ』の一節でパスカルはつぎようにいっている。

「思考は人間の偉大さを示すものである。

人間は自然の中で一番弱い一本の葦にすぎない。しかし、人間は考える葦である。人間をおしつぶすには、宇宙全体が武装する必要はない。一つの蒸気、一滴の水でも人間を殺すのには十分である。しかし、宇宙が人間を押しつぶすときにも、人間を殺す宇宙よりも、人間の方が高貴である。なぜなら、人間は自分が死ぬことを知っており、宇宙が人間よりはるかに強力であることを知っているからである。宇宙はそのことを何も知らない。

だから、われわれのすべての尊厳は思考の中にある。われわれは思考の尊厳から立ち上がるべきであって、われわれが満たしえない空間や持続からではない。だから、よく考えることに努めよう。そこに道徳の原理がある。

「考える葦――わたくしがわたくしの尊厳を求めるべきところは空間ではなくて、わたくしの思考の規律である。わたくしが国々を所有してもそれだけのことである。宇宙は空間によって、わたくしを一つの点のように包み込む。思考によってわたくしは宇宙を包み込む。」

これが有名なパスカルの「考える葦」の考えである。パスカルは「考える葦」に対し、人間の「思考の偉大」を説く。だが、パスカルの文章を読んだ感じでは、「考える葦」の方が強く、「思考の偉大」とはいうものの、この方は実質的には弱々しい感じを受ける。理論的には「思考の偉大」といいえても、パスカルの実感としては、「考える葦」の方が切実であったろう。ここにわたくしはパスカルのニヒリズムをみる。ニヒリズムの苦しさにたえられなくなって、「思考の偉大」を持ち出したような感じがある。『パンセ』の一読者としてのわたくしにとっては、「思考の偉大」は、その言葉はむしろパラドッ

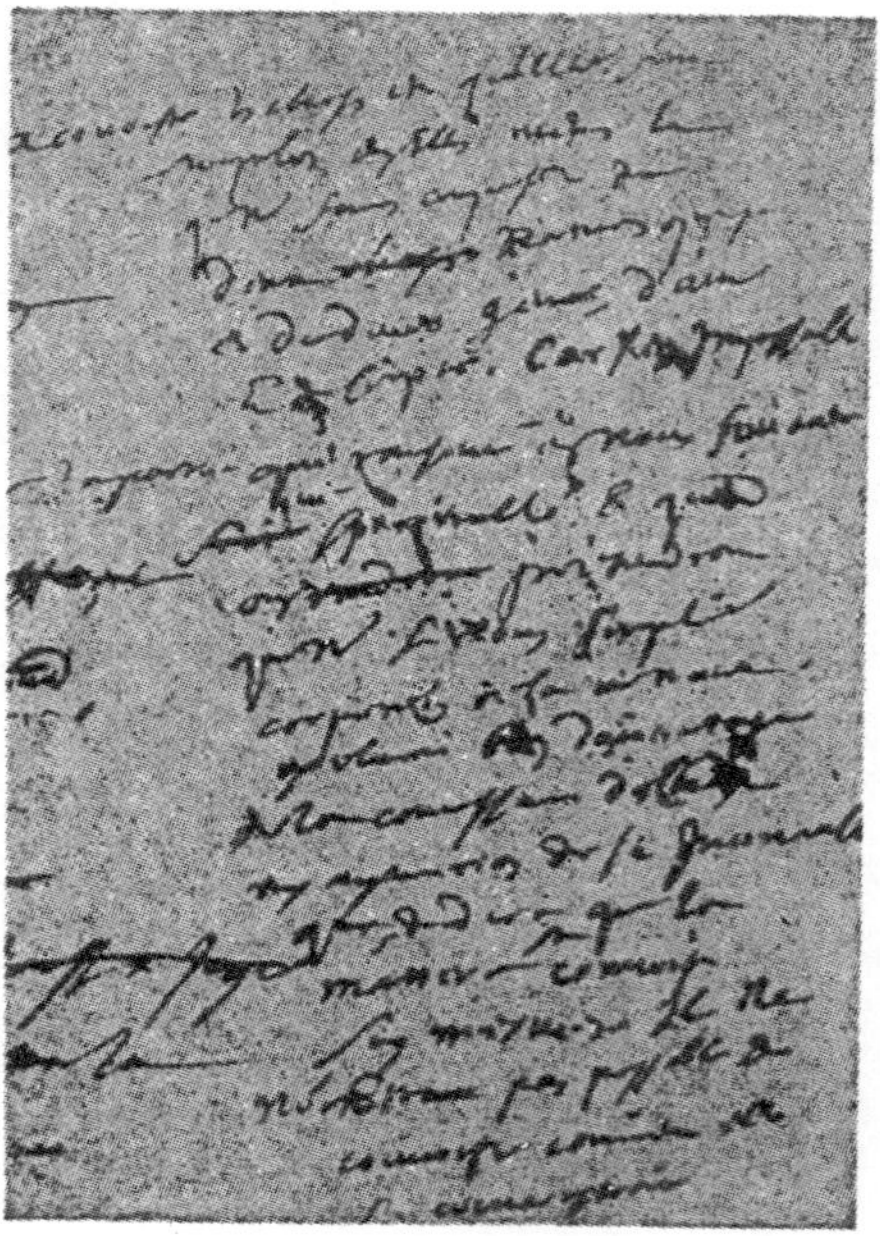

『パンセ』の草稿

クスのような感じを受ける。パスカルにとって根の深いものは、「考える葦」のニヒリズムであったろう。パスカルが終局的にニヒリズムを克服したのは、「思考の偉大」によってではなく、キリスト教によってであった。また、ニヒリズムを一時的にまぎらすものとして、パスカルは「気晴らし」を考えた。「気晴らし」はニヒリズムを克服しうるものではなかったが、そこにパスカルの人間の見方の繊細さを見ることができる。このことについてはまた後で述べる。

パスカルとニヒリズム

わたくしが奥蓼科《おくたてしな》の温泉で『パンセ』を読んで、「ニヒリズムのショック」とでもいったらいいようなショックを受けたことは、はじめに述べた。たしかに、パスカルの思想の底にはニヒリズムがあった。「思想の底」というよりも、「人間の底」といった方がいいかも知れない。これはパスカルの生まれつきの素質であって、幼少の頃から病弱であったこととも関係があるだろう。

「ニヒリズム」を訳せば「虚無主義」となるかと思うが、「虚無主義」といってしまえば感じがちがう。結局「ニヒリズム」は訳せない言葉だろう。ところで、何々イズムといえば、ある積極的主張をする立場であるが、ニヒリズムはマルキシズム、実存主義、プラグマチズムなどとは性質が異なる。マルキシズムなどは一応の思想体系があって、その立場から主張をするものであるが、ニヒリズムはイズムとはいっても、一つの定型を持ってはいない。人間の精神の底にひそんでいる何物かである。何と表現したらいいか、わたくしも適確な言葉を発見できない。幾何学の精神ではとらええない繊細なものである。

パスカルも何とかして、ニヒリズムを言い表わそうと努力しているように思う。「考える葦」もその一例である。パスカルはいう。人間は弱く、みじめで不安である。不安をまぎらすために「気晴らし」を求める。だが、「気晴らし」は一時的のもので、「気晴らし」の後には不安は一層増大する。そして、人はずるずると底なしの不安の泥沼の中へはまり込んで行く。これがニヒリズムである。

しかし、パスカルにとって、人間をニヒリズムから救い出すものはキリスト教であった。定式化してみれば、「ニヒリズム→キリスト教」がパスカルのコースであった。もともと『パンセ』は「キリスト教弁証論」、つまり人びとをキリスト教へ導くための道しるべであった。

「われわれは広漠たる中間に漂い、たえず定めなく浮動しながら、一つの端から他の端へおしやられる。どの端にすがりついておちつこうとしても、それは揺《ゆ》らぎ、離れる。追いかけてもつかまらず、すべりぬけ、永遠に逃れ去る。」

「われわれはイエス＝キリストによってのみ神を知る。」

パスカルの「不安」を説明するのに、「官服貴族」を持ち出す人がいる。パスカルは「官服貴族」という中間的の、動揺する階級に属していた。だから「不安」であったという説明である。こういう関係が全然無いとはいえないが、「官服貴族」でも不安でない人もいたはずである。それよりも、パスカル個人の資質の方が根本的であって、パスカルの遺伝を調べた方が役に立つだろう。また、精神医学の立場からパスカルを見ることも参考になる。精神医学からみれば、おそらくパスカルは「分裂病」だろう。天才と気違いとは紙一重である。

ところで、人間にとってニヒリズムは宿命的である。人間は死を免れないからである。陽気のように見える人でも、「わが胸の底のここに」はニヒリズムがある。パスカルはキリスト教によって、「考える葦」のニヒリズムを克服した。

気晴らし

気晴らし

人間の生活には憂鬱《ゆううつ》なことが多い。それで、だれしも「気晴らし」を求める。つまらない、ちょっとしたことが「気晴らし」になる。玉がころがるだけで「気晴らし」になる。パチンコ、ボーリング、野球、庭球、みな「玉ころがし」にほかならない。この辺の心理をパスカルはよく理解していた。パスカルは憂鬱な人であった。

「小さなことがわれわれを苦しめるから、小さなことがわたくしたちをなぐさめる。人のすることをすべていちいち調べてみなくても、気晴らしということで一括すれば十分である。人間はおのずから屋根ふきである。また、あらゆる仕事に従いうるものである。ただし、自分の部屋のうちにあることを除いては。」

人は自分の部屋にじっとしていればいいようなものの、それができない。自分の部屋から外へ出たくなる。人には「脱出本能」というものがある。夏目漱石はなぜ、四国の小さな町、松山へ行ったのだろうか。就職難もなかったし、東京にいればよさそうなものの、松山へ行ったのは、かれの「脱出本能」からであった。

「気晴らし――私はときどき、人間がさまざまの宮廷や戦争において出あうかずかずの危険や苦痛を考えてみると、そこからあんなにも多くの争いや情熱や、大胆《だいたん》でしばしば悪い企てが生まれるので、人間の不幸はただ一つのことから生まれるのを発見した。それは部屋の中に休んでいられないということである。生活して行くのに十分の富を持っている人は、もし楽しんで自分の家の中にいることができたら、航海に出たり、要塞《ようさい》の包囲に行ったりしないだろう。町の中にじっとしているのがたえがたいのでなかったら、あれほど高い金を出して軍隊の役目を買いはしないだろう。また、自分の家に楽しくじっとしていられないからこそ、人と話すことや気晴らしの遊びを求めたりする。

しかし、わたくしはもっと深く考えた。そしてわれわれのすべての不幸の原因を考えた後で、その理由を発見しようとすると、わたくしは一つのたしかな理由のあることを発見した。それは、われわれの弱い、死ぬべき状態が、よく考えてみると、何によってもなぐさめられないほどみじめで、この状態がわれわれの本来の不幸であるということである。

どんな身分を想像しても、われわれの持ちうるすべての財産を集めてみても、王の位が世界でもっともすばらしい地位である。しかし、この王がかれが味わいうるあらゆる満足に浸っているのを想像しても、その王に気晴らしがなくて、かれが実際にあるあり方を見たり考えたりさせられるとしたら、かれの幸福はうちしおれて、かれを力づけないであろう。かれに起こりうる反逆や、さけられない死や病い、そういうものの思いに沈んでしまうであろう。だから、気晴らしというものがなければ、かれは不幸である。そして、遊んだり、気晴らしをしたりする、かれのもっとも卑《いや》しい家来よりも不幸である。」

さて、「気晴らし」は、この頃よく使われる言葉でいえば、一種の「自己疎外」である。「疎外」は元来、哲学の用語であるが、もっと一般的に使われている。その意味を一応説明しておこう。

「疎外という言葉はヘーゲルが使い、マルクスが『経済学哲学手稿』で発展させている。哲学的な用語としては自己にとってよそよそしい、別なものになる、ならせられるということであり、人間の疎外とは、簡単にいえば、人間が非人間化することである。近代における人間の疎外は、個人が自分の同胞である他の人間や、一般にまた自分の周囲の世界に対してもっぱら利害・打算の立場から接し、それらとの間に非常によそよそしい関係しかもちえなくなって行く傾向として現われている。そのために個人は深い孤独の中で生きている。そして多くの人たちは自分の従事している職業上の仕事において、自己の人格的な欲求の充足を見いだすことができず、自我喪失《そうしつ》の状態におちいっている。」

パスカルの時代と現代とでは社会状勢がかなり異なるから、「疎外」の具体的状況には差異がある。しかし、根本においては同じで、「おのれを忘れる」ということである。人は自分をみつめればみつめるほど、あわれでみじめである。人はこのみじめさを見つめるのにたえられない。だから、「気晴らし」によって、自分を忘れようとする。それによって、しばらくはなぐさめられる。これが「自己疎外」である。

玉ころがし

人間は、玉がころがるだけでなぐさめられるほどむなしいものである。

「人間は実に不幸である。退屈の原因が何もなくても、人間の性質の固有のあり方によって、退屈しないわけにはいかない。また、人間は実にむなしい。退屈するさまざまの原因にみたされていても、たとえば、玉を突くとか、ボールを打つとか、そんな小さなことがらでもう十分になぐさめられてしまう。

「人びとは一つのボール、一匹の兎を追うことに専念する。これはまた王のよろこびでもある。人間はいかに悲しみにみちていても、もしかれを何かの気晴らしへと引き入れることができれば、見よかれはその間幸福である。」

人が不幸であるとき、悲しいとき、つまらないことがなぐさめになる。というよりも、つまらないことだからなぐさめになる。何か意味のあることであると、またその意味に悩まされるが、意味のないことは純粋の慰《なぐさ》めになる。プロ野球のシーズンになると、男も女も、大人も子どもも、金持も貧乏人も、自民党支持者も共産党員も、だれもかれもが夢中になる。巨人が優勝しようが、大洋が優勝しようが、どっちが優勝しようが、どっちにしても大した意味のないことである。意味のないこと

8人のジャンセニストをあしらった賭《と》博《ばく》用具

だからこそ、巨人、大洋の優勝争いは人びとになぐさめを与える。明日の仕事に関係があるとか、生活に直接ひびくような利害が伴っていたら、慰めにはならない。「玉ころがし」が大の男を（女をも）夢中にさせ、しばしば生活の苦しさを忘れさせる。つまり、それによって生活から逃げることができる。われわれはそれほどむなしい。パスカルの「気晴らし」は、そのまま今日のわれわれの問題でもある。ゴルフも「玉ころがし」にほかならない。子どもから見たら、ずいぶん馬鹿らしく思えるだろうが、大人は「玉ころがし」によって、子どもにはわからない苦しさをまぎらせている。大人から「玉ころがし」をとり上げたら、ずいぶん気の毒なことになるだろう。

三木清はその処女作『パスカルに於ける人間の研究』において、つぎのようにいっている。

「単に金、単に兎が与えられるならば、恐らくこれらのものを欲しない者が、賭事《かけごと》や猟に夢中になるのは何に因《よ》るのであるか。単なる兎、単なる金はわれわれの倦怠《けんたい》と不安定とに対して保証を与えぬに反して、猟と賭事との騒《さわ》ぎはその保証を与えるがためである。すべての慰戯《いぎ》（気晴らし）に共通の理由は、われわれの在るがままの惨めな状態からわれわれの魂の眼を転じさせて、これを他に向かわせようとする生の衝動にある。慰戯は、われわれをしてわれわれの自然を忘れしめ、われわれの自己について考えることを妨げる。すなわち慰戯の特性は生の自己逃避にある。わたくしがこれを生の動性の否定的なる契機とみなすところの根拠はここにある。」

「気晴らし」において人はわれを忘れる。タバコを買うことは別におもしろくもないが、パチンコでかせぐ

パスカルの署名

のはおもしろい。賭は人を緊張させ、それだけ苦しさを忘れさせる。しかし、人は「気晴らし」によって本当に幸福になるのではない。「なぜというに、気晴らしは外から、外部からやってくる。従って気晴らしは依存的であり、それゆえ、さけがたい悲しみをもたらす百千のできごとによってかき乱されるという性質を持っている。」

人は「気晴らし」を求めるが、それは一時苦しさを忘れさせるだけで、「気晴らし」がすめば苦しさが倍加する。人は「気晴らし」によって成長することも、発展することもないが、それでも「気晴らし」を求めざるをえない。人はそれほどみじめであるとパスカルはいう。「人は何らかの障害とたたかうことを経て休息を求める。ところが、それらの障害をのりこえたならば、休息はたえがたいものとなる。」「雄弁も続くと退屈である。」「自然は往きと戻りとによる進みで動く。」

人は不安と退屈の間を往復しているにすぎない。

「悲惨——われわれの悲惨をなぐさめてくれる唯一のものは気晴らしである。しかし、気晴らしはわれわれの持っているもっとも大きい悲惨である。なぜなら、気晴らしこそわれわれがわれわれのことについて考えることを妨げる主《おも》なものであり、気晴らしによってわれわれは知らず知らずのうちに滅びていくからである。気晴らしがなければ、われわれは退屈におちいり、この退屈をぬけ出すもっと確実な方法を求めるにちがいない。しかし、気晴らしは楽しいから、われわれはそれによって知らず知らずのうちに死にいたる。」

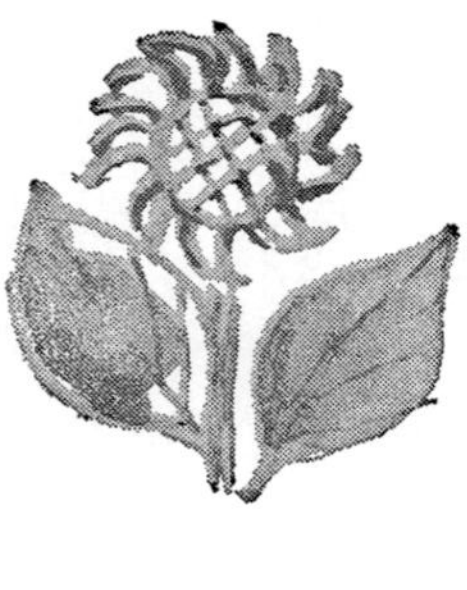

パスカル年譜

西暦	年齢	年譜	背景をなす社会的事件、ならびに参考事項
一六二三年		六月一九日、フランス、オーヴェルニュ州、クレルモン＝フェランのデグラ通りの家に生まれる。父はエティエンヌ＝パスカル、母はアントワネット＝ベゴン	徳川家光第三代将軍となる
二六	三歳	アントワネット＝ベゴン死す	清の太宗位につく
三一	八	エティエンヌ＝パスカル、クレルモン＝フェランの御用金裁判所副長官の職を退く。パスカル一家パリに移る	
三四～三五	一一 一二	「音響論」を書く。またユークリッド第一巻、第三二命題を証明する	フランス学士院創立さる
三八	一五	エティエンヌ＝パスカル、オーヴェルニュに引退	日本、ポルトガル人を追放
三九	一六	八～九月、エティエンヌ＝パスカル、税務長官に任命さる	第一次ビショップ戦争
四〇	一七	一月二日、エティエンヌ＝パスカル、ルアンに着任。ブレーズ＝パスカル、「円錐曲線試論」を出す。ジャンセニ	チャールズ一世の第四議会 第二次ビショップ戦争

		ウスの遺著『アウグスティヌス』出される	
一六四二年	一九歳	計算器を考案する。病気になる	清教徒革命始まる
四五	二二	「パスカルによって発明された新しい器械（計算器）に関する大法官閣下に献げられた手紙」	ネースビーの戦い
四六	二三	一〜四月、エティエンヌ＝パスカルももを折り、二人のジャンセニスト、ド＝ラ＝ブティユリイとデ＝ランドの手当を受ける 最初の回心 一〇〜一一月、エティエンヌ＝パスカルおよびピエール＝プティと共にトリチェリーの真空に関する実験	清の弁髪令
四七	二四	二月、二人の友人と共にジャック＝フォルトンの説を異端として告発する 五月、ジャクリーヌと共にパリに居を構える 九月二三日および二四日、デカルトの訪問を受ける 一〇月四日、『真空に関する新実験』出版 一〇月二四日、ノエル神父への手紙。またこのころ『真空試論』の序文を書く 一一月一五日、ピュイ＝ド＝ドームの実験に関する義兄ペリエへの手紙	

四八	二五	三月、「円錐曲線生成論」 五月、ル・パイユールへの手紙 七月、エティエンヌ・パスカル、パリにもどる。このころすでに、ジャクリーヌはポール・ロワイヤルと関係をもつ 九月一九日、ピュイ・ド・ドームの実験行なわれる 一〇月、「流体の平衡に関する大実験」出る	ウェストファリア条約 フロンドの乱
四九	二六	五月二二日、計算器の特許権を大法官セギエより受けとる この年、パスカル一家はクレルモン・フェランに行く	人民協定の制定 チャールズ一世死刑
五〇	二七	四月、パスカル一家、パリにもどる	
五一	二八	七～八月、リベイル氏への手紙 『真空試論』(今日断片のみ伝わる)出る 九月二四日、エティエンヌ・パスカル死去 一〇月一七日、ペリエ夫妻への手紙 ジャクリーヌとの間に遺産についての係争	徳川家綱第四代将軍となる イギリスの第一次航海法
五二	二九	ジャクリーヌ、ポール・ロワイヤルにはいる。パスカルの社交生活が始まる 六月、スイス女王クリスティヌに計算器献呈の手紙	第一次イギリス・オランダ戦争

一六五三年	三〇歳	一〇月、パスカル、クレルモン－フェランに行く（翌年五月まで滞在） 五月三一日、イノセント一〇世の教書によりジャンセニウスの五ヵ条の命題が誹謗《ひぼう》される 六月四日、ジャクリーヌへの財産分与の契約成立 六月五日、ジャクリーヌの誓願式 九月ごろ、ロアネス公らとポワトウに旅行。またこの年に「流体平衡論」「空気の重さについて」の印刷の準備をする	クロムウェル護国卿となる
五四	三一	『パリ科学アカデミーへの献辞』「算術三角形」を書く フェルマとの確率に関する手紙往復 九〜十月、しばしばジャクリーヌ、ポール－ロワイヤルに訪れる。社交生活に倦怠を感じる 十一月二三日、『覚書』、パスカルの決定的回心	清廷にロシアの使節バイコフが行く
五五	三二	一月、ポール－ロワイヤル－デ－シャンに隠遁。このころ「イエスの秘儀」を書く。『ド－サシとのエピクテートスとモンテーニュについての対話』をなす 二月二四日、アルノーの『或《あ》る貴族への手紙』 十月、アルノーの『或る公爵《こうしゃく》への手紙』	

五六	三三	この年に『イエス＝キリストの生涯要』が書かれる 一月一四日、アルノー、ソルボンヌによって事実問題に関して誹謗《ひぼう》される 一月二三日、『プロヴァンシャル』第一の手紙 一月二九日、第二の手紙 二月九日、第三の手紙 二月二五日、第四の手紙 三月二〇日、第五の手紙 三月二四日、パリのポール＝ロワイヤルに奇蹟が起こる 四月一〇日、第六の手紙 四月二五日、第七の手紙 五月二八日、第八の手紙 七月三日、第九の手紙 八月二日、第一〇の手紙 八月一八日、第一一の手紙 九月九日、第一二の手紙 九月三〇日、第一三の手紙 一〇月二三日、第一四の手紙 一一月二五日、第一五の手紙

一六五七年	三四歳	一二月四日、第一六の手紙 この年九〜一二月にかけてロアネス嬢への手紙 一月二三日、『プロヴァンシャル』第一七の手紙 三月二四日、第一八の手紙 九月六日、『プロヴァンシャル』誹謗される この年ポール-ロワイヤルの学校の『初等幾何学教本』のために『幾何学的精神』および『説得術』を書く	『大日本史』の編集始まる
五八	三五	六〜七月、サイクロイドに関しての回状 九月、ラルエールとヘレンへの手紙 一〇月一〇日、『ルーレットの歴史』 一二月一〇日、デットンヴィルよりカルカヴィ氏への手紙。この手紙の中には「三線形論」「四分円の弦の理論」「円弧論」「サイクロイド一般論」などの論文がはいっていた 一二月一二日、『続サイクロイドの歴史』	ロシア、ネルチンスクを建設
五九	三六	一月六日、ホイヘンスへの手紙。この年に『病の善用を神に求めるための祈り』を書いたともいわれる	アウランゼブ即位
六〇	三七	五〜九月、オーヴェルニュに行く。このころ『パンセ』を書きはじめる	イギリス、王政復古

六一	三八	八月一〇日、フェルマへの手紙 オーヴェルニュからもどった後に『貴族の身分についての三つの教説』を書く 六月八日、ジャンセニウスの五カ条の命題の法規上の誹謗を含む信仰宣誓文の署名についての司教総代理の最初の命令書 一〇月四日、ジャクリーヌ死去 一〇月三一日、信仰宣誓文の署名に関する二度目の命令書	ルイ一四世の親政開始
六二	三九	六月二九日、パスカル、ペリエ家に移る 七月四日、プーリエ師を呼ぶ 八月三日、遺言書をつくる 八月一九日、早朝一時死去	ローヤル－ソサエティ創設

参考文献

パスカル全集（全三巻） 人文書院 昭34
パンセ（上・下巻）（新潮文庫） 津田 穣訳 新潮社 昭27・1〜2
パスカル科学論文集（岩波文庫） 松浪信三郎訳 岩波書店 昭28
病と死についての冥想 田辺 保訳 新教出版社 昭34
パンセ——冥想録への誘い——（現代教養文庫） 渡辺 秀訳 社会思想社 昭41・2
パスカルに於ける人間の研究 三木 清 岩波書店 大15・6
考える葦（角川新書） 松浪信三郎 角川書店 昭26・9
パスカル（岩波新書） 野田又夫 岩波書店 昭28・10
パスカル 森 有正 要書房 昭30
パスカル アンリ・ルフェーヴル 川俣晃自訳 新評論社 昭30
パスカル——キリスト教的意識 ロマーノ・グワルディーニ 永野藤夫訳 創文社 昭32
パスカル 由木 康 日本基督教団出版部 昭35
パスカルとその妹 フランソワ・モーリャック 安井・林訳 理想社 昭38・2
パスカルとニーチェ 吉沢伝三郎 勁草書房 昭39・1
パスカルとその時代 中村雄二郎 東大出版会 昭40・11

さくいん

―完―

K

パスカル■人と思想12　　定価はスリップに表示

1967年5月1日　第1刷発行©
2016年6月25日　新装版第1刷発行©
2021年10月10日　新装版第2刷発行

・著　者 ………………………… 小松《こまつ》　攝郎《せつろう》
・発行者 ………………………… 野村久一郎
・印刷所 ………………………… 大日本印刷株式会社
・発行所 ………………………… 株式会社　清水書院

〒102-0072　東京都千代田区飯田橋3-11-6
Tel・03(5213)7151～7
振替口座・00130-3-5283
http://www.shimizushoin.co.jp

検印省略
落丁本・乱丁本はおとりかえします。

CenturyBooks

Printed in Japan
ISBN978-4-389-42012-3

CenturyBooks

清水書院の〝センチュリーブックス〟発刊のことば

近年の科学技術の発達は、まことに目覚ましいものがあります。月世界への旅行も、近い将来のこととして、夢ではなくなりました。しかし、一方、人間性は疎外され、文化も、商品化されようとしていることも、否定できません。

いま、人間性の回復をはかり、先人の遺した偉大な文化を継承して、高貴な精神の城を守り、明日への創造に資することは、今世紀に生きる私たちの、重大な責務であると信じます。

私たちがここに、「センチュリーブックス」を刊行いたしますのは、人間形成期にある学生・生徒の諸君、職場にある若い世代に精神の糧を提供し、この責任の一端を果たしたいためであります。

ここに読者諸氏の豊かな人間性を讃えつつご愛読を願います。

一九六七年

清水梯山

SHIMIZU SHOIN